U0747624

The Development and Evolution of Book Illustration Art in Europe

欧洲书籍插图艺术的发展与演变

张鸿博　著

中国纺织出版社有限公司

内 容 提 要

插图艺术作为现代艺术的一个分支，无论是与其他设计，如书籍、包装、广告的结合，还是作为独立艺术形式，都有着其独特的魅力。本书首先阐述影响欧洲插图艺术发展的多个因素，并列举欧洲不同时期的书籍插图艺术形式，最后分析欧洲书籍插图的种类及形式特点。书中完整地论述了欧洲书籍插图的发展和形式演变，强调了插图在书籍的重要性。不同的文学与艺术形式中的插图因为这些书籍而成为更有深度的艺术，而这些书籍也因为插图艺术被更多人喜爱并留存下来。

全书图文并茂，内容翔实丰富，图片针对性强，不仅适合插图专业的师生、设计人员阅读和参考，也适合插图爱好者阅读和收藏。

图书在版编目（CIP）数据

欧洲书籍插图艺术的发展与演变 / 张鸿博著 . -- 北京：中国纺织出版社有限公司，2021.6
ISBN 978-7-5180-3169-6

Ⅰ. ①欧… Ⅱ. ①张… Ⅲ. ①插图－图书史－欧洲 Ⅳ. ①G256.1-095

中国版本图书馆 CIP 数据核字（2021）第 061328 号

责任编辑：李春奕　苗　苗　　责任设计：何　建
责任校对：寇晨晨　　责任印制：王艳丽

中国纺织出版社有限公司出版发行
地址：北京市朝阳区百子湾东里 A407 号楼　邮政编码：100124
销售电话：010—67004422　传真：010—87155801
http://www.c-textilep.com
中国纺织出版社天猫旗舰店
官方微博 http://weibo.com/2119887771
北京华联印刷有限公司印刷　各地新华书店经销
2021 年 6 月第 1 版第 1 次印刷
开本：787 × 1092　1/16　印张：15.5
字数：201 千字　定价：69.80 元

Preface 前言

现代艺术将绘画艺术与插图设计做了基本区分，插图设计是依附于文字而存在的，是以文学内容为传达目的的绘画设计。但是在插图出现伊始，却是代替文字起到传递信息的作用。早期的插图与文字一样，在人类文化的传承中起到重要的作用。相对于文字来说，插图更能突破语言的区域性差异，准确地传达信息，真实地表达。而在文字出现后，插图传达信息的功能就退居第二了，它更多的是对手稿或印刷品做辅助说明，以及起到装饰性表达的作用。在某一阶段，插图的装饰性甚至大于文字表述本身，被提升到书籍中最重要的地位。此时的插图设计的依附功能被减弱，艺术表达性则更加强烈。在中世纪的手抄本中，插图设计使用大量的金粉装饰，笔触细密，色彩艳丽，极具装饰性。现代设计理论中的“装饰画”泛指中世纪艳丽优美的手抄本插图设计，这些作品具有强烈的个人特色，被当时的社会审美所推崇。因此中世纪许多优秀的绘画大师热衷于进行书籍插图的设计，并以当时盛行的书籍或设计插图来进行个人作品的传播。

进入印刷书籍时代，精致的手绘插图被各种材料的版画印刷插图所代替。其优美的装饰性也逐渐被弱化，插图的首要地位渐渐被文字所代替，所谓的插图版书籍被文字版书籍所取代。

印刷技术的出现，使社会上昂贵的手抄本逐渐被价格适中的印刷本替代，文字进入更多人的生活。在这种情况下，插图的装饰功能减弱，而对文字内容的辅助功能凸显。此时期的插图慢慢地趋向于功能性而弱化艺术特点，插图不再像手抄本时代那样强调装饰作用，主要是对文字起到说明与补充的作用。

而近现代的插图设计由于多种艺术运动的产生，变得多元化，以迎合不同阶层的审美需求。插图艺术超越了基本的绘画形式，给观者更多的想象空间，使文本内容更加丰富。

回到最初插图存在的原始意义，是在装饰意味下的信息传达和文化传承，而插图与文字的共同进化，则代表着人类文明的进程。

著者

2020年11月5日

Contents 目录

01

第一部分

促进欧洲书籍插图艺术发展的各种因素

第一章 宗教文化对书籍插图的影响

远古时代，文字出现之前，图画的主要作用是传达信息，无法在技术上做更多的变化，这一点东西方是没有差别的。在文字出现之前，图腾崇拜就已经存在，图腾文化渐渐转变成宗教艺术。原始的宗教艺术是由于人们对于自然的不了解并期待对自身生活的改变而演变出来的，带有理想性质的虚幻概念。在基督教遍及欧洲之前，不同地区都有自己的宗教信仰，这些宗教来源于其自身的文明形式。

在这些上古文明中，希腊与埃及的文明和其代表的宗教对后期欧洲的宗教产生了一定的影响。希腊文明出现之前，埃及和美索不达米亚的文明已经非常强大。希腊文明的诞生是基于希腊人的基本生活方式——贸易与宗教。希腊文明留存了很多优秀的作品，如《荷马史诗》、完整的希腊神话体系等，为后来的文学创作提供了许多素材。

早期各文明的核心精神形式是宗教，许多文明的传承需要依靠宗教形式，在过去文字传播并不广泛的时代，上至皇室下至平民均受宗教影响，宗教的传播是没有阶层界限的。而在宗教文化的传播中，插图艺术跨越文字的界限，成为传播必不可少的一种方式。而宗教文化对插图艺术的诞生与发展也起到了重要的推动作用。

提到宗教书籍，在西方社会中，必须要谈到的就是基督教的《圣经》。它在整个西方文明发展史中占有重要的地位。正是因为它的独特地位，在印刷史上很多技术性的革命都是在《圣经》中得以实现、验证与推广的。

《圣经》作为宗教的书籍，它的传播范围相较于其他书籍更为广阔，支持者也更多，而其中精美的装帧和插图，从另一方面体现出教众们的虔诚。

在美术史上，许多大师都为《圣经》做过插图，其中大部分优秀画家抛弃了个人的艺术表现特点，无比虔诚地以插图的形式再现《圣经》内容和意义。

一、《启示录》与阿尔伯莱希特·丢勒（Albrecht Dürer）的插图

1498年以拉丁文和德文在巴塞尔出版的《启示录》，又称《约翰启示录》，是由文艺复兴时期德国最重要的油画家、版画家、装饰设计家和理论家丢勒设计的，他是作为北欧文艺复兴艺术最重要的代表人物而被载入史册的。丢勒具有熟练的雕刻技巧，这一点在他的版画作品中被深刻地体现出来。出版《启示录》的时候，丢勒还不满二十岁。如图1–1所示，“四骑

图1–1　四骑士　插图创作：丢勒（引自《启示录》）

士（Four Horsemen）”是《启示录》中说的带来饥荒、瘟疫、战争、死亡的“活物”。在丢勒绘制的这张《圣经》插图中，“征服者”握有弓箭，“战争”举起利剑，“饥荒”拿着天平，“死亡”执三叉戟，还有主宰地下王国的哈迪斯（Hades）跟在他们的后面，吞食一位主教。《启示录》第十章还描述了“大力的天使”的形象，描绘着他披着云彩，脸面像日头，两脚像火柱，一脚踏海，一脚踏地，向使徒约翰展开一本小书卷，要约翰吃了它（图1–2）。

很多学者认为，丢勒《启示录》插图系列不仅仅是抽象的宗教寓言和关于世界末日动乱的预言，而是有事实凭据的。历史上同期曾屡次发生灾害、饥荒、瘟疫、战争、死亡事件，罗马当局多个皇帝都曾残酷迫害基督教众，所以它是针对因这些事件而发生的信仰危机所作的插图，并宣传坚

图1–2 大力的天使 插图创作：丢勒（引自《启示录》）

信上帝终将战胜敌人。

这套《启示录》插图是著名的宗教书籍插图之一，由15幅尺寸很大的木刻组成。以其中的“四骑士”和“大力的天使”为例，丢勒是怀着真切的情感来创作的，它表现了画家本人对这些事件的感受、理解和想象。《启示录》中的“四骑士”和“天使”的形象，现在已经成为欧洲人集体意识的组成部分。这套作品是丢勒的木刻作品，附在《启示录》正文之间，线条清晰，明暗处理丰富，构图新颖，与文字内容相辅相成，是丢勒对文字的想象和再现。

另外三套由丢勒创作的《圣经》中的插图，是《大受难》(图1-3)、《小受难》和《圣母玛利亚传》(图1-4)。《大受难》《小受难》均表现基督受难的情景，描绘了基督被出卖、受鞭笞、背十字架直至受刑的过程及其

图1-3 基督受难 插图创作：丢勒（引自《大受难》）

图1-4 圣母和圣婴 插图创作：丢勒（引自《小受难》）

传说中的复活。仅仅是因为两套插图作品幅面大小不同，而称为《大受难》《小受难》。《大受难》共16幅，《小受难》共37幅。

丢勒怀着对圣母玛利亚无比的敬意创作了这部《圣母玛利亚传》插图系列，共有19幅插图，全是木刻，文字置于左页，插图置于右页。图1–5是名为《玛利亚往看伊丽莎白》的插图，表现的是《路加福音》里的故事。故事中的伊丽莎白一听见玛利亚的声音，腹中的胎儿就在跳动，伊丽莎白向玛利亚高声祝福。插图中的画面背景呈现出典型的德意志景色，近景与远景的对比使画面层次感丰富，人物、动物、建筑、景色的刻画使画面呈现出和谐的美感。

图1-5　玛利亚往看伊丽莎白　插图创作：丢勒（引自《圣母玛利亚传》）

二、《死亡之舞》与汉斯·霍尔拜因（Hans Holbein）的插图

1517年的欧洲，其宗教的内容与含义因为一个人而发生了改变，他就是马丁·路德（Martin Luther）。

他将整本《圣经》由希腊文译成精彩的德文。对德国人民的语言、生活和宗教有着深刻的影响。而德文版的《圣经》也被多位艺术家以插图的形式进行膜拜。路得翻译的《圣经·新约》一系列木刻画插图的设计者是文艺复兴时期瑞士著名的艺术家霍尔拜因。而霍尔拜因出于对路德的尊重和对教义新的体会而设计出的插图，使路德翻译的《圣经》得到更大范围、更深刻的理解。

霍尔拜因是当时有名的艺术家，涉猎多个领域，包括宗教画、肖像画、细密画和书籍装帧木刻，还设计珠宝、家具等工业产品。

1538年在法国里昂出版的《死亡之舞》一书中，出现了53幅插图，作者即是霍尔拜因和他的刻工汉斯·吕厝比格尔（Hans Luetzelburger）。《死亡之舞》的作品每幅尺寸为2英寸×2.5英寸，在如此小的空间中，线条丰富、人物清晰、情节完整。吕厝比格尔以娴熟的技巧将霍尔拜因的优美线条转化到木板上，再现到书籍上，使设计与制作和谐统一。《死亡之舞》被公认为该时期“插图艺术的最高典范”。

《死亡之舞》的书籍背景是黑暗的中世纪。在这个时期，疾病和战争交替进行。欧洲的14世纪，灾难的密集程度是历史上罕见的。先是14世纪50年代的黑死病在短短十年间夺走了三分之一欧洲人的生命。随之而来的是英国和法国著名的“百年战争”。这场战争的起因是英格兰和法国对于法国王位的合法继承权的争夺，开始于1337年，终结于1453年，整整耗时116年，因此被称为“百年战争”。《世界文明史》中欧洲文明史的部分，将此段时间称为“大部分时期里充满混乱和灾难”的一百年。这时期死去的人不计其数，这使人们的心头时刻被恐惧笼罩着。而死亡深刻触动人们的内心，使他们看到，无论贵贱，无论何种职业，人人都必有一死。《死亡之舞》即是在这个大背景下被创作出来的，它的主体精神就是死亡面前人人平等（图1–6）。

在当时以死亡为题材的插图作品数不胜数，但大部分都是直接刻画死神的形象，画面上充斥着各式各样的空空的骷髅，他们紧跟在人们身后，把人们拉走。而《死亡之舞》中的插图经过霍尔拜因的设计，竭力表现出拟人化的死亡概念，使它具有人的模样与特征。这种形象化并不是要使人感到恐怖，而是希望读者感受到真实，感受到死亡真正的力量。

《死亡之舞》内容大致是从上帝造人起，到第三幅亚当和夏娃被逐出乐园，“死亡”就与人形影不离了。前几幅插图说明，死亡从一开始就是人们最终的归宿。随后《死亡之舞》仔细地描述了“死神出发”、死神被天使所驱逐，从而来到教皇、皇帝、士兵、商人、车夫、老人、儿童等不同社会地位、不同职业的各色人种面前，将他们一一带走，这表明了死亡对每一个人都是平等的。但是插图中表现出每个人对于死亡的态度有所不同，老人希望得到永久的安息，所以用微笑和安宁的心态来迎接死神，死神也慈

图1-6　死亡之舞组图　插图创作：霍尔拜因（引自《死亡之舞》）

祥地搀扶着他走向坟墓；虽然皇帝不肯舍弃皇冠，商人十分留恋他的钱财，但死神看透人世间的贪婪，坚定地履行自己的使命，无情地将他们拖走。整套插图洋溢着冷峻的讽刺和机智的幽默，详细刻画了那个时代的特色和细节，使整套作品成为系列的风俗画，人们在欣赏的时候，除了感受到作品中的深刻含义外，还浏览了这一时期德国各阶层的风俗民情。

同一时期霍尔拜因还有一套作品是《死亡字母》，其题材和表现手法都和《死亡之舞》极其相似，但创作时间较早，因此被看作是《死亡之舞》的前序，为后续的作品做准备。《死亡字母》是从A到Z，除了I和U可以与J和V互换，其他的字母按照顺序一共刻了24个，每个字母后面都有死神在捕捉各阶层人物的情节（图1–7）。

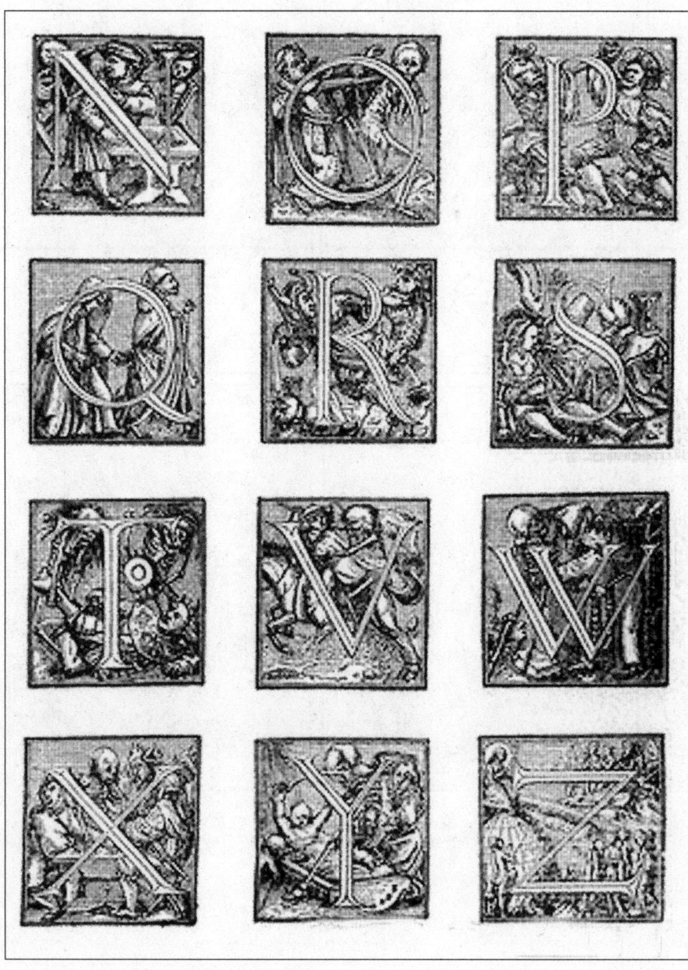

图1–7　死亡字母组图　插图创作：霍尔拜因（引自《死亡字母》）

霍尔拜因不仅仅是著名的绘画大师，在书籍插图中，他的成就在当时也是无人可比的。霍尔拜因大部分插图作品都与《圣经》有关，这与当时的宗教信仰密切相关。例如，插图《旧约场景》，即深刻反映了当时人们对宗教信仰的追捧程度。

霍尔拜因的《旧约场景》是由92幅小型木刻画组成的，每一幅插图作品单独成为一页，在插图的上方印制《旧约》的原文，插图的下方是四行法文。这在当时的插图本中是非常有特色的。这一套插图仍然是霍尔拜因设计，吕厝比格尔手工刻制，融合了两人的艺术与技术的长处，成为当时书籍插图中的优秀作品。图1-8是《旧约场景》中的一幅作品《路得拾麦穗》，表现的是《旧约·路得记》第二章中的情节：摩崖女子路得在丈夫去世后来到大财主波阿斯的田地里劳作，受到波阿斯的善待，后嫁与波阿斯，她在与波阿斯同房时受孕，并生下一子。

《旧约场景》插图系列作品，增加了《圣经》中的插图数量，使许多文字内容以插图场景的形式表达出来，增强观看者的体会，深受读者的欢迎。九年后因为书的需求量增加，此插图版的《旧约》被反复印刷出售。

图1-8 路得拾麦穗 插图创作：霍尔拜因（引自《旧约场景》）

16世纪法国有一位知名的出版家普朗坦（Plantin），他为朝廷效力，获得了西班牙国王腓力二世（Philippe Ⅱ Auguste）的极大支持。他最大的成就是在1569~1572年，不顾教士们的反对，出版了八卷订正的《新约》和《旧约》原文的多语种《圣经》。普朗坦花了五年的时间完成这项工程，内含拉丁语、希腊语、希伯来语、阿拉米亚语和古叙利亚语共五种语言的《圣经》文本，既满足了各类人群对文本对照的需求，又对当时不同地域文字语言的研究起到了促进作用（图1–9）。

在各种不同版本的《圣经》中，马丁·路德翻译的德文版《圣经》应该是被特别提起的。艺术家卢卡斯·克拉纳赫（Lucas Cranach）也对这一版本进行了设计与绘制。下图精选了其中的一幅作品《恶魔攻击安东尼》（图1–10）。

图1–9　普朗坦出版的多语种《圣经》的封面（引自《圣经》）

图1-10　恶魔攻击安东尼插图创作：克拉纳赫（引自《圣经》）

三、《格拉纳塔费尔书》中的插图

1510年，弗赖堡大学的教授乔纳斯·冯·盖勒（Johannesr von Geller）撰写了一部《格拉纳塔费尔书》，此书根据《圣经》中的内容衍生而出，是关于食物禁忌的书。书中对饮食和禁忌的描述十分详细，出现大量的场景插图。图1-11是其中的一幅插图，内容是关于野兔的烹饪和饮食禁忌。在众多的关于死亡和感恩的场景插图中，这是为数不多的几个与日常相关的宗教类的插图，这也侧面地反映当时社会中的书籍已由最初的单一宗教书籍开始向多元的方向发展，人们也渐渐把注意力转移到日常生活中，而《圣经》也渗透到日常生活的细枝末节中。

图1-11　野兔的烹饪和饮食禁忌　插图创作：汉斯·巴尔东·格里恩（Hans Baldung Grien）（引自《格拉纳塔费尔书》）

四、《生命之旅》与弗里德里克·桑兹（Frederick Sandys）的插图

1862年的英国，艺术具有浪漫主义特点。图1-12是当时出版的《英国圣诗》中的一首乔治·威斯（George With）的《生命之旅》，内容是劝导基督徒如果在路上遇见迷途之人，应该伸出援助之手，帮助他们走出迷途，将他们带回家。英国著名的插图师弗里德里克为此诗所作的插图，在深远的背景下，以浓烈的色彩表现这个深刻主题。插图中完整地表现了远处的景色、近处的草丛、饿倒在路旁的路人和正在扶起他的救助者，构图完整，细节充分。

图1–12　路遇迷途之人应伸出援助之手　插图创作：弗里德里克（引自《生命之旅》）

五、《诗篇》与约瑟夫·里特尔·冯·富里希（Joseph Ritter von Fuhrich）的插图

19世纪初，德国的插图作品呈现不同的艺术风格。图1–13是插图师富里希为《诗篇》创作的两幅插图，诠释《诗篇》第一百零四篇中农夫一家外出工作的场景。“日头一出，兽便躲避，卧在洞里。人出去做工，劳碌直到晚上。”太阳出来的时候，野兽躲回山洞，人们出去辛苦工作直到晚上。背景中有着天空的幻象，从太阳到月亮，代表着日夜的更替，下方描绘了农夫出门耕种的日常生活。画面呈现浪漫主义气息，艺术史学家认为这表明基督

徒艺术家希望能够恢复中世纪和文艺复兴时期的艺术气息。《诗篇》中的插图主要描绘现实生活中的富有浪漫主义的事件。

图1–13　农夫一家外出工作　插图创作：富里希（引自《诗篇》）

六、《上帝怜我》与乔治·鲁奥（Georges Rouault）的插图

1922年，在现代主义艺术的影响下，《圣经》的插图也呈现出更丰富的变化，传统的细节描绘已经逐渐消失，而抽象的绘画方式更加迎合观众的心理，并且使《圣经》的整体风格更加抽象，给观众更多的想象空间和感受。现代主义画家鲁奥目睹了第一次世界大战的残酷，心灵深受震惊，这激发了他创作《圣经》中的插图作品的激情。他不但创作出《圣容》《耶稣与大祭司》等直接表现《圣经》作品的插图，还设计出与战争和受难相联系的插图作品。图1-14是鲁奥创作的系列蚀刻版插图《圣经》诗篇中的《上帝怜我》组图。1927年出版《上帝怜我》的时候，鲁奥创作了五十八幅作品，体现出浓浓的虔诚之心。

图1-14　上帝怜我　插图创作：鲁奥（引自《圣经》）

七、《四福音书》与埃里克·吉尔（Eric Gill）的插图

1915年出版的《四福音书》中的插图设计者是英国的吉尔，他认为插图要清晰明了，能“真正起到解释、阐明和装饰文本的作用”。插图来源于文章内容，要与文章的内容相关联、相适应，而不能作为插图师流露感情的借口，因此在绘制插图的过程中，要以文章的内容为指导进行设计。此书的插图和文字都是经过精心构思的，有65帧大幅的木版插图，这些插图的特点都是文字配以人物形象，与中世纪手抄本上用人物或者动物装饰文本的首字母方式非常类似。从图1-15可以看出，画面呈现古典风格，文字独特优雅，这在当时是少见的，其价值可与20世纪出版的《多弗斯圣经》相媲美。

AND IT CAME TO PASS IN THOSE DAYS, THAT THERE WENT OUT A DECREE FROM CÆSAR AUGUSTUS, THAT ALL THE WORLD SHOULD BE TAXED. (AND THIS TAXING WAS FIRST made when Cyrenius was governor of Syria.) And all went to be taxed, every one into his own city. And Joseph also went up from Galilee, out of the city of Nazareth, into Judæa, unto the city of David, which is called Bethlehem, (because he was of the house and lineage of David.) To be taxed with Mary his espoused wife, being great with child. And so it was, that, while they were there, the days were accomplished that she should be delivered. And she brought forth her

...

图1-15　书名页　插图创作：吉尔（引自《四福音书》）

《多弗斯圣经》是近现代出版的最优美的圣经之一，它也被称为“和平鸽圣经”。吉尔作为当时知名的插图师，为《圣经》中的《雅歌》所作的插图（图1–16），以浓烈的线条表现了旷野之中的爱情，插图中特别设计了两位仙子为相爱的两人挡起了披风，更有柔和的诗意。艺术史家曾认为这幅插图中的两个裸体人物有着神奇的光芒，让观赏者能够获得美的感受。

纵览历代的宗教书籍插图，可以了解到在文艺复兴时期之前，宗教艺术本身已形成一个独有的类别。继而产生的书籍插图艺术是宗教文化的产物，刻制出来的线条形象、明暗，形成丰富的变化，成为一幅幅美丽的画面，而宗教书籍的大量出版也促进了刻版印刷技术发展。欧洲书籍插图艺术很大程度上是受宗教传播的刺激发展起来的。反过来，插图艺术又以清晰、形象的画面，对宗教文化进行广泛的宣传，促进了宗教文化层层渗透到欧洲文化艺术中。

图1–16　雅歌　插图创作：吉尔（引自《圣经》）

第二章 文化发展对书籍插图的推动

插图与书籍的发展是密不可分的，而插图的内容变化更是随着文学发展而变化着。可以说，文学的发展决定了插图的主题，而插图的主题又决定着插图表现的风格，当然也要符合不同时期的绘画风格、艺术审美等。但不可否认，文学的发展开拓了更广阔的想象空间，对插图的发展起到推动作用。

一、中世纪前后的欧洲文学

中世纪前后的文化作品大多围绕宗教文化展开。基督教兴起之后，开始宣扬谦让和爱人的美德，并拥有一个性格鲜明的人物——耶稣作为其创始人。通过各类故事，使他变得有血有肉，十分真实。同时允许妇女有充分权力参与到宗教中，其表现是在宗教文化中也有不少的女性形象。基督教要向世人传播教义，因此印制了大量的书籍和艺术作品。宗教文化书籍的插图制作精美、内容充实、风格多变（图2-1），是书籍插图中较为丰富的类别。而宗教书籍对于当时的社会各阶层而言，则有着约束能力及行为道德等的指导作用。由于宗教书籍在社会生活中比较珍贵，且制作精美，因此被许多修道院妥善保存，成为当代插图及文化考证有力的保证。

中世纪的传奇文化在社会文化史、人类情感史、社会心理史方面的影响作用不容忽视，它不仅是欧洲中世纪特殊文化的投影，也与其他因素一起构建了欧洲人的爱情世界并形成骑士风度。骑士在中世纪是特殊的阶层，

DAs neuw Testamēt recht grüntlich teütscht.
Mit gantz gelerten vnd richtigen vorredē/vnd der schwerestē örterē kurtz/aber gůt/auslegung.
Ein gnůgsam Register/wo man die Epistlen vnd Euangelien des gantzen jars in disem Testament finden soll.
Die auslendigen wörter/auff vnser teütsch gewendet vnd gebessert.
Gedruckt zum dritten mal/durch Adam Petri zů Basel/Anno M.D.xxv.

图2-1 扉页 插图创作：霍尔拜因（引自《圣经》）

在不同的战争时期，骑士为宗教服务发挥了重要作用，社会地位大大提高。骑士文学发展诞生了优雅的爱情。伊利诺公主1137年嫁给路易七世后，她费尽心机将奇情和冒险两者融为一体，产生了新的奇情冒险故事体裁。而12世纪法国出现一种类似诗歌的以爱情为主题的罗曼故事形式，此类书籍的插图则更加唯美优雅。

与教会文学、骑士文学不同，市民文学是中世纪的一种独特的文学形式，市民阶层的兴起过程决定了市民文学的特征：集智慧与市侩、弱小与反抗于一身，以批判性的喜剧讽刺形式传达。例如，人的生活用动物的世界表现，在《列那狐传奇》故事诗中，作者采取的以兽喻人、以动物故事

图2–2　列那狐要去朝圣　插图创作：考尔巴哈（引自《列那狐传奇》）

来讽刺现实的手法，诗中的动物都具有人的行动语言和思想感情史，每种动物都影射当时社会的某个阶层。诗中出现的各种动物之间的冲突真实地展现了中世纪封建社会中各种力量之间复杂的矛盾和斗争。诗中抨击了统治阶级斗争的胜利，这部长诗是中世纪欧洲文学中的一部优秀作品，而动物插图也成为这一时期最常见的插图形式。图2–2为同时期知名插图师威廉·封·考尔巴哈（Wilhelm von Kaulbach）为《列那狐传奇》所做的插图。

二、文艺复兴之后的欧洲文学

文艺复兴不仅仅是经济发展的必然，实际上文艺复兴是由政治、经济、文艺、教育甚至权贵的爱好、个人趣味、社会时尚综合而成。其中考古与古代文化新发现有着重要的作用。在文艺复兴时期，对希腊文化的研究和对古代生活的向往，使人们在审美上呈现别样的特点。

而在这一时期，出现了新的思想和意识，形成西方近代文化的雏形。如果说当时教会的主流意识强调并灌输人是较弱的思想的话，人文主义者则颂扬人的个性，崇拜人的无限能力和创造潜力。其实这时期的人文主义极为宽泛驳杂，只要是与传统和原教旨相悖相反的意识、观念、想法和行为举止，在当时都被视为人文主义。而新的思想意识带来新的文化传播，德西德里乌斯·伊拉斯谟（Desiderius Erasmus）讽刺社会上愚蠢情感占据上风的名著《愚人颂》即是这样的文学作品（图2–3）。

图2–3　作者扉页像　插图创作：霍尔拜因（引自《愚人颂》作者：伊拉斯谟）

历史就是这样，感性在日常生活中只对个体生存与生活产生显性影响，而对群体则影响甚微。但是每当历史面临重大转型时，感性却是一种不可抗拒涌动起来的历史力量，冲破被社会物化了的理性原则和程序。在这一时期，人文主义文学的巅峰是莎士比亚的作品，他的作品改变了对人的理解。人的生活既不是由神来支配，也不是由良知承担，而是由人的性格支配。正是如此，人的生活才如此丰富而又如此悲苦。莎士比亚对人生的这种理解使他真正揭示了人世的复杂，使文学真正成为人生的一面镜子，这一时期的书籍内容丰富多变，为插图创作提供了更多的主题素材。

17世纪的古典主义延续发展了文艺复兴时期文学的传统，崇尚理性，以古代文学为典范，统治欧洲文坛将近两个世纪之久。米格尔·德·塞万提斯（Miguel de Cervantes）的《堂吉诃德》（图2-4）既有荒诞的情节，又充满对现实的讽刺；约翰·弥尔顿（John Milton）的《失乐园》（图2-5）表现了人类的历史变革，特别是英国历史，暗示了当时英国资产阶级革命因野心和骄傲而导致失败，并表现出诗人本身的生活和愿望。这一时期文学的发展达到了前所未有的高度，极大地推动了插图艺术发展的进程。

图2-4　堂吉诃德　插图创作：弗朗西斯·海曼（Francis Hayman）（引自《堂吉诃德》作者：塞万提斯）

图2–5　天使拉斐尔的到来　插图创作：约翰·马丁（John Martin）（引自《失乐园》 作者：弥尔顿）

三、启蒙运动文学与浪漫主义文学

18世纪法国资产阶级革命前夕，启蒙运动文学出现了，它把理性作为衡量一切的尺度，同封建主义和教会势力进行顽强斗争，为资产阶级革命做了充分的舆论准备。从严格意义上讲，启蒙文学并不像浪漫主义文学或自然主义文学一样是严格意义上的文学流派，而是席卷整个欧洲的启蒙思想在文学上的延伸和体现。启蒙文学崇尚“自然理性”，反对君主王权。这种反王权、反教会思想的启蒙文学和文艺复兴文学有些相似，但更加激进，具有强烈的哲学思辨特征和政治经济学底蕴。文学作品中更多以来自市民阶层的平民为主要人物，在体裁上也不仅仅局限于诗歌和戏剧，而是广泛采用各种形式体裁。在这个时期，“诗体时代”已经向“散文体时代”过渡了。这个时期的代表作品——《格列弗游记》，其主人公是作者乔纳森·斯威夫特（Jonathan Swift）的代言人，随时发表深刻的理论见解。而约翰·沃尔夫冈·歌德（Johann Wolfgang von Goethe）的《浮士德》（图2–6）则以人物性格鲜明、内容丰富多彩而著称，其内涵显现出某些深刻哲理。这些优秀文学作品被人们争相选择，成为知名的艺术家创作插图的首选。

浪漫主义文学以充满激情的夸张方式来表现思想与愿望，从文学发展的角度来看，浪漫主义文学思潮的盛行是反对古典主义文学的产物。从社会和历史发展角度看，浪漫主义思潮是法国大革命直接催生的产物。当时的法国社会出现了自由主义思潮，成为浪漫主义文学的核心思想。浪漫主义作家往往从个性受到压抑、个人愿望和人生抱负得不到实现等角度，表现人物在这种矛盾状态中的感情、行动和悲剧。浪漫主义文学热衷于描写个人失望与忧郁的"世纪病"，并颂扬以个人愿望与社会的徒劳对立表现形式的反抗。维克多·雨果（Victor Hugo）的《巴黎圣母院》（图2–7）是以品格高尚的主人公的悲惨遭遇，来映衬社会的现实。美与丑的对比、外表与内心的巨大反差，表现了作家爱憎分明的情感。而威廉·布莱克（William Blake）的《天

图2–6　瓦尔普吉斯之夜　插图创作：欧仁·德拉克洛瓦（Eugène Delacroix）（引自《浮士德》作者：歌德）

图2-7 首卷插图 插图创作：A.德·勒米特（A. De Lemud）（引自《巴黎圣母院》 作者：雨果）

真与经验之歌》（图2-8）则表现了英国浪漫主义文学中特有的愤世嫉俗、归隐自然的倾向。乔治·戈登·拜伦（George Gordon Byron）的《唐璜》（图2-9）更是对资本主义制度的一场深入骨髓的检阅，发人深省。德国的浪漫主义则开创了童话书的先河，格林兄弟（Brüder Grimm）的《格林童话》（又名《儿童与家庭童话录》）被称为世界童话作品中的精品（图2-10、图2-11）。法国亚历山大·仲马（Alexandre Dumas）的小说《三个火枪手》通过跌宕起伏的情节，最终将通俗小说的发展推到极致（图2-12）。

19世纪文学的发展、浪漫主义文学的盛行使插图艺术进入一个新的时代，并为未来的发展提供了丰富的内容。

图2–8　春　插图创作：布莱克（引自《天真与经验之歌》 作者：布莱克）

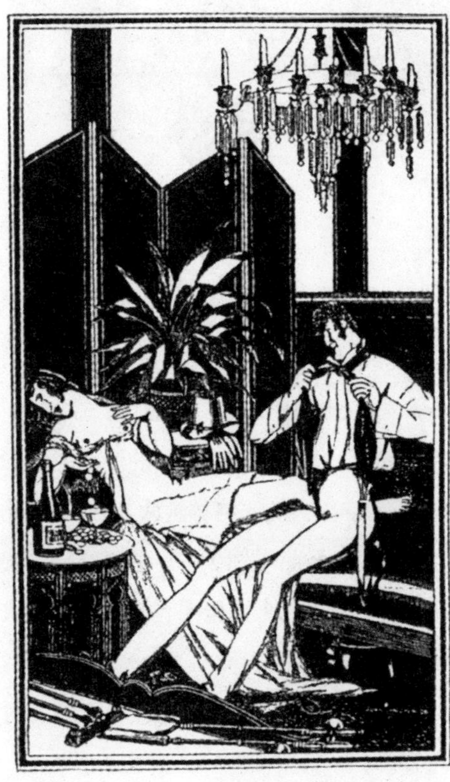

图2–9　唐璜与朱丽亚的幽会　插图创作：约翰·奥斯丁（John Austen）（引自《唐璜》 作者：拜伦）

图2-10　农夫和山羊　插图创作：亚瑟·拉克姆（Arthur Rackham）（引自《格林童话》）

图2-11　星银元　插图
创作：拉克姆
（引自《格林童话》）

图2–12 酒馆争论等插图 插图创作：瓦伦提·安吉洛（Valenti Angelo）（引自《三个火枪手》 作者：亚历山大·仲马）

四、现代主义文学

20世纪资本主义文化诞生了现代主义文学，它不主张用作品展现生活，而是提倡从人的心理感受出发，表现生活对人的压抑和扭曲。在作品中，人物往往是变形的，故事往往是荒诞的，主题往往是绝望的。现代主义文学初期的代表是塞万提斯的《堂吉诃德》和居斯塔夫·福楼拜（Gustave Flaubert）的《情感教育》。

随着工业城市的发展，19世纪以前田园牧歌式的乡村风光，被充斥着钢筋水泥的巨型城市所取代，人们的价值观、世界观、宗教信仰等受到激烈的冲击和挑战。欧美社会的个人出现了普遍的疏离感、陌生感和孤独感，现代主义文学重要的非人化元素就由此而来。而第一次世界大战彻底打破了欧洲社会岌岌可危的旧秩序和旧守法，敏感的知识分子们，对资本主义滋生了反叛情绪。

查理斯·皮埃尔·波德莱尔（Charles Pierre Baudelaire）的著作《恶之花》（图2-13）第一次摒弃对浪漫主义、田园牧歌生活的歌颂转而以愤世嫉俗

图2-13　恶之花插图　插图创作：德罗埃（Dérouet）（引自《恶之花》作者：波德莱尔）

的态度揭露城市的丑恶和人性的阴暗，这奠定了后来盛极一时的法国象征主义文学的创作基调。艾格·爱伦·坡（Edgar Allan Poe）则倡导“使意境升华的美”，反自然，反说教，强调形式美和暗示性，这些都成为后来现代文学中诗歌的重要特征。法国的马赛尔·普鲁斯特（Marcel Proust）的鸿篇巨作《追忆逝水年华》，成为意识流文学的先驱，而意识流文学也成为现代文学所有流派的中流砥柱，产生了一批杰出大师和作品。现实主义文学有许多不同风格的流派，这也使文学作品呈现出不同的形式。同时期的艺术发展也使这些文学书籍呈现更强烈的风格，奥诺雷·德·巴尔扎克（Honoré de Balzac）的《玄妙的杰作》中无论是文字还是巴勃罗·毕加索（Pablo Picasso）绘制的插图都呈现出强烈的现实主义风格（图2-14）。

（a）以两种动物来象征人物的爱和迷恋

（b）描绘审视目光下的情人

图2-14　玄妙的杰作插图　插图创作：毕加索（引自《玄妙的杰作》　作者：巴尔扎克）

文学的发展推动着插图艺术的变化，为插图艺术带来新的美感，反之插图艺术提高了文学作品的视觉鉴赏性，给读者更形象的解读，使文学作品更容易理解、欣赏。虽然由于艺术进程的原因，插图作品与文学创作有时不能处在同一时期，形成同一风格，但插图艺术与文学创作相辅相成，并对文化的进程与发展起着至关重要的作用。

第三章 印刷发展对书籍插图的作用

宗教书籍早期的复制，主要是宗教机构的手抄本，即使是在宗教最盛行的中世纪，《圣经》等书籍的复制仍然是由大量修士积年累月的抄写，他们带着无比虔诚的心，绘写着精美的字体，描制着复杂的插图，在前章的宗教手抄本插图系列中，已经略有阐述。而在雕版印刷术出现伊始，被广泛实验及应用的即是宗教书籍。

一、造纸术和印刷术的发明

雕版插图是在造纸术和印刷术的基础上发明的。东汉时期，蔡伦通过多次实验研制出可以书写及绘画的纸张，代替了沉重的竹简和木牍、昂贵的丝织品和纺织品（后期的贵重书籍中仍然使用了纺织品以示珍贵）。公元2世纪，人们开始掌握一种新的复制手法——使用纸张和墨从旧的石碑上拓下图文。这可以说是最原始的印刷。而对拓印进一步的改进则是，将平面木板上雕刻出凸起的文字和图案，在上面刷上油墨，再附上一张颜色浅于油墨的纸张，用刷子或者软布进行按压，达到复制的效果。文字和图案则以相反的方向印在纸张上，这就是木版雕刻印刷。

在印刷史上可考的最早出现的木版雕刻印刷是中国唐朝咸通九年的《金刚经》。这个时期，中国的木版雕刻印刷已经相当成熟了，木版插图的刻制技术也趋于精致。《金刚经》全称《金刚般若波罗蜜经》，意味“以金刚不坏之志和大智能之心到达彼岸之路"，是佛教创始人释迦牟尼晚年时在印度的佛教圣地"祇园精舍"的莲花座上对弟子须菩提长老及1250位信徒主讲的大约80部短篇《金刚般若经》中最著名的一部，也是有关大乘教义的重要经文。《金刚经》以菩萨精神为核心教义，宣讲了众生平等、普度众生、众生自渡、正宗信仰等思想，体现了众生平等、人权平等的精神，迎合了民众修身安心需有菩萨救星救世的宗教文化理想，得到广泛传颂。这部《金刚经》的卷首图（图3-1）的印刷使用了木版雕刻印刷，图后还附有印刷物的刻印年代和出资者姓名，为后世的考证提供了证据。这本带有精美插图的经书，原藏于莫高窟的秘密藏经洞，后被英国考古学家斯坦因带到了英国，成为伦敦大英博物馆的珍贵藏品。这幅插图因其最早的记录年代和精美清晰的线条与完美的构图风格，成为插图史上值得研究的作品。

图3-1 《金刚经》卷首图

二、造纸术与印刷术传入欧洲

在公元751年前后，造纸术经过地中海传入了中亚和伊拉克等阿拉伯国家，大约在13世纪传入西班牙，然后传入意大利。14世纪，欧洲有了几个造纸作坊。在此之前，欧洲在书籍与绘画上使用的仍是纺织品与动物皮革，书籍昂贵的制作成本也为文化的传播带来一定的障碍。

而欧洲的木版印刷是从15世纪开始的。最初的印刷作坊使用简陋的设备，以木版上的图文压印制作书籍。欧洲最早的木版印刷书籍，也就是印刷本插图书，是在1460年左右由阿尔布雷希特·普菲斯特（Albrecht Pfister）的印刷所印刷出版的。这位德国的出版家在这段时间里制作了著名的拉丁文本《圣经》，此书每页两栏，每栏共有32行，木版插图，又被称为《普菲斯特圣经》（*Pfister's Bible*）或《班贝格圣经》（*Bamberg Bible*）（图3-2）。

此后，在德国、意大利、荷兰、法国、英国等地也有大量的带有插图的木版雕刻印刷的书籍被制作出来，这些书籍由于初期的印刷技术的局限性，只能印制简单的插图，没有彩色印刷。而在同一时期中国的印刷技术已经成熟，印刷品不但线条精美，还出现了彩色套印（图3-3）。

图3-2　树林中的骑士（引自《班贝格圣经》）

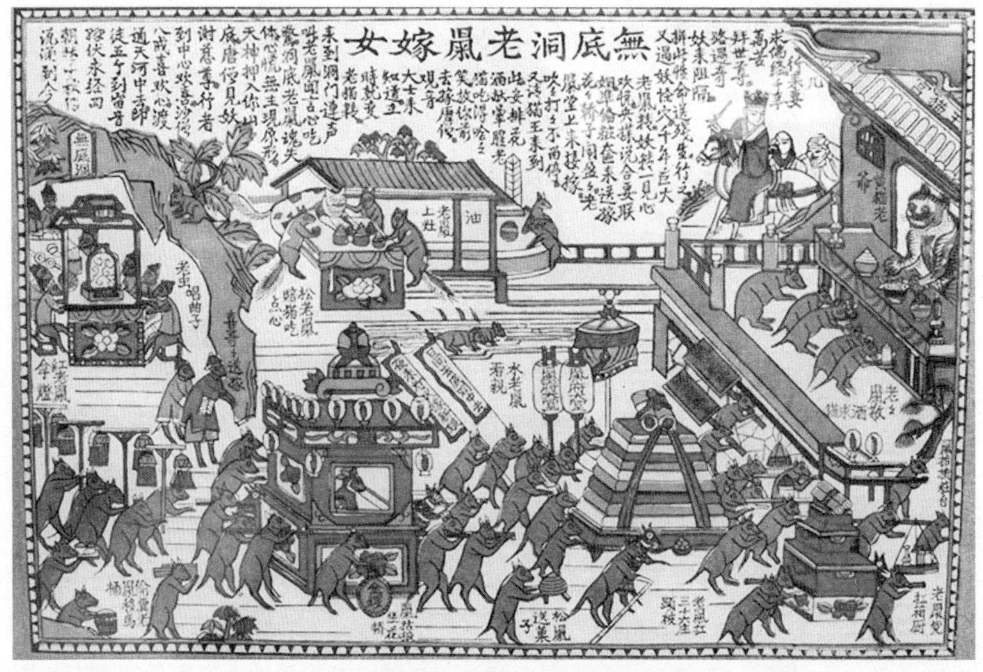

图3–3　无底洞老鼠嫁女（引自《杨柳青年画》）

三、第一本活字印刷的《圣经》

约翰内斯·古腾堡（Johannes Gutenberg）研究出了特别的作为字母的合金和铸造法，用这个方法建立了一套字母库。当时的技术发明后直接被应用于宗教传播，1455年2月23日他第一次用活字印刷机印刷的《圣经》，被称为《古腾堡圣经》，是豪华昂贵的大开本（图3–4），一共印刷了约180本，其中49本今天尚存，直到现在仍被认为是印刷史上的完美作品。

《古腾堡圣经》全书1284页，每页两栏，每栏42行，每页共印字母约2500个。边框和栏间都彩绘有装饰物，包括花草、鱼虫和仙女，还有白鹤、孔雀等，十分精美华丽。正文用的是哥特体，字形粗黑，庄重古朴。

维克多·雨果称印刷术为世界上最伟大的发明。古腾堡印刷使用的字母由铅、锌和其他金属的合金组成。它们冷却得非常快，而且能够承受印刷时的压力。印刷本身是使用转轴印刷法，印的是普通纸和羊皮纸。

据记载，在古腾堡活字印刷以前，一部手抄《圣经》要值500荷兰盾，

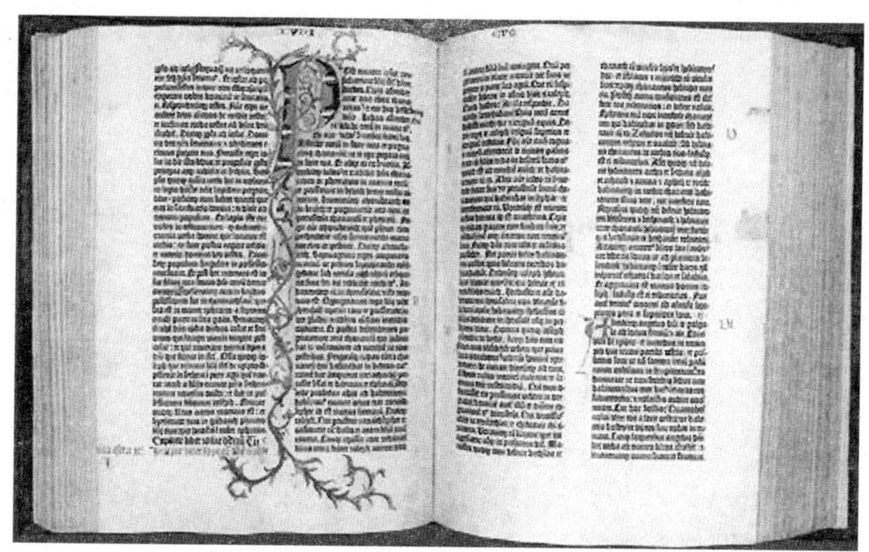

图3-4 《古腾堡圣经》内页

在美因兹足够把半条街上的所有房子买下来了。古腾堡的印刷术使得印刷品变得相对便宜起来，印刷的速度也提高了许多，印刷量增加，这使得欧洲的文化传播更加便捷，普通大众受教育程度范围扩大。

而在木版印刷初期阶段，出版商仍趋向于制作复杂精美的手抄本风格插图。印刷商认为自己是在与手抄本竞争。手抄本人力廉价，制作精美，色彩丰富。反之木版印刷的圣经线条粗糙，制作昂贵，上色工序要放在印刷之后进行，所以木版印刷的书籍远不及手抄本的精美和实惠。当时很多印刷书籍都印制在羊皮纸上，像手抄本一样装帧。传教士和牧师花了20年的时间才认识到他们新手段所具有的令人生畏的价值，就像政治家花了20年的时间才认识到电视的价值一样。

早期的木版印刷技术，书籍中的每一页每个单词都需要单独制作，而不能在另一页中重复使用，因此当时这种方法一般只用于印刷短小简要的作品和被认为是最必要的宗教著作，如《圣经》等书籍。

由此看到，印刷技术的推广和发展以及同时期的阶级统治者愿意为印刷技术提供支持，使印刷插图也因此得以出现技术上的改进，插图艺术从手工时代进入版刻时代。印刷技术革命性的飞跃，降低了书籍的制作成本，为文化的推广带来更大的助力，文化在传播的过程中，也加速了插图艺术的发展进程。

02

第二部分

欧洲书籍插图的发展历程

第四章 古代插图

一、古代岩画

在史前时代，插图和绘画艺术之间是没有差别的，绘画者的目的都是表现生活中的情景和对力量的崇拜，以及将美好的愿望融入插图的原始形式之一——岩画之中。虽然在现代艺术中，将古代岩画作为绘画艺术、壁画艺术甚至插图艺术的发展源头，但是在当时人们的生活中，将带有颜色的泥土或动物血液涂抹在洞穴的岩壁上，不能称其为绘画艺术，更多的是对生活的一种渴望。西方岩画源于三万多年前，主要集中于法国南部和西班牙北部，这些岩画多刻、绘于山间洞穴里的石壁之上，所以又称为“洞穴岩画”。岩画的题材主要是一些动物和象征性符号，即使是用今天的审美标准来看，这些岩画的制作、表现技巧也是相当惊人的。他们在岩壁上画出牛羊的形状，渴望在将来的狩猎中，捕获更多的牛羊作为食物。这种插图形式简单、粗犷，也有点线面的形式特征。

西班牙北部阿尔塔米拉洞穴的《受伤的野牛》（图4-1）是具有代表特点的西方古代岩画作品。野牛的造型逼真、细致，绘制者对野牛的解剖、结构有一定的掌握，对其神态、线条的处理相当生动，从中可以看出西方艺术家在原始时期就具有逼真的模仿物相的能力。

美洲地区的岩画最早出现在公元5世纪左右，大多是当地的印第安人所作。在1492年美洲大陆被发现之前，当地人一直延续着类似于原始社会

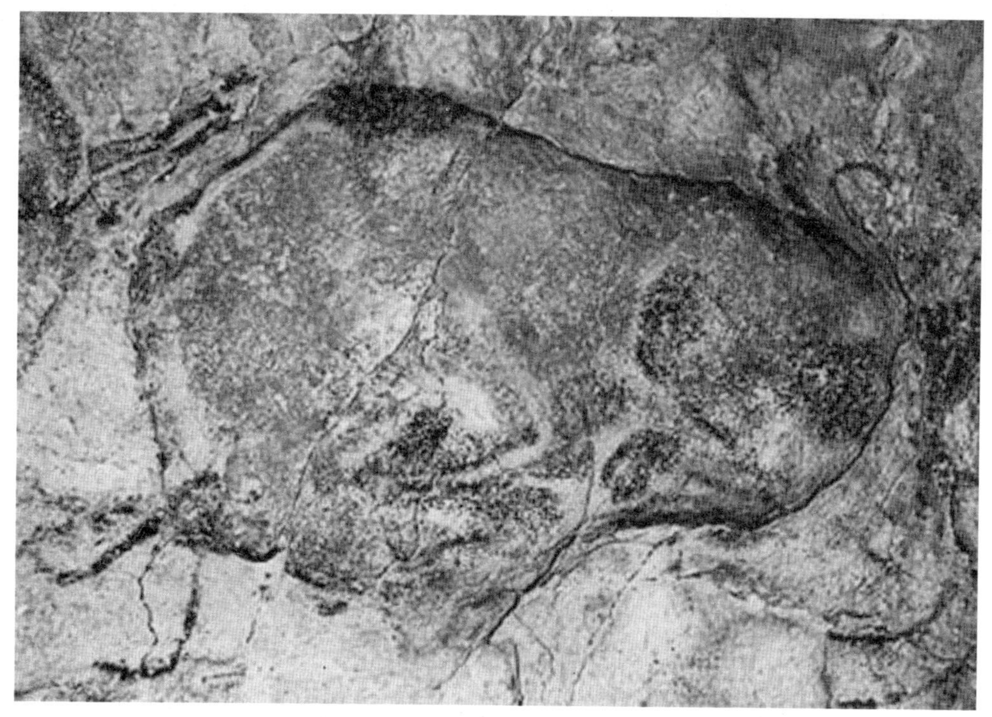

图4-1　受伤的野牛（阿尔塔米拉洞穴画）

的生活方式，这类岩画也被完整地保留下来。

岩画艺术不是单纯的绘画艺术，它更趋向于插图的表达，即通过图像图形，将信息传达给观看的人们。古代岩画将审美与巫术和原始宗教相结合，创作者在特定的情景下绘制野牛、野鹿或人的图形于岩石上，但岩画作品并不是来源于原始的审美创作欲望，而是与神灵、魔力、幻觉以及生存本能等复杂而朦胧的意识交织在一起。另外，古代岩画通常没有独立的意义，它往往伴随着原始活动而存在，如舞蹈、祭祀活动等，是巫术、图腾崇拜和原始宗教仪式的一部分。

西方岩画作品中，以动物、狩猎为主要表达内容，也有部分岩画表现当时的生殖崇拜的内容，体现了原始人祈求自身繁衍和部落人丁兴旺的强烈愿望。岩画内容还包括舞蹈、战争、放牧、祭祀等部分，这当中既有记事的功能，也有原始宗教仪式的功能（图4-2、图4-3）。

图4-2　丰收祭祀（岩画作品）

图4-3　狩猎（岩画作品）

二、古埃及《死者书》中的插图

欧洲现存的插图作品中，保存较好的早期作品是古埃及人的《死者书》，而书中的插图地位远重要于文字，文字仅起到辅助说明的作用。插图直观地表现出死者各种状态和生活，而这对欧洲早期的插图艺术有着重要的影响。

《死者书》是古埃及陪葬文集，公元前16世纪就已经成为较完整的文集，其内容包括符咒、祷文和各类宗教内容。附有大量彩色插图，面向死者的家属出售。传说《死者书》会保护死者平安进入地下世界，有时相关内容会被刻在墓室的墙壁上。《死者书》又称《埃及亡灵书》，虽然被称为书，但实际上只是些奇特文字的组合，一般有两百章节左右，埃及人称它们为“祈求来生的手册和万人升天的指南”，但开始并非人人都有获得《死者书》的权利。在埃及古王国时期，只有法老和王室成员才能使用这些祈福的文字，这些文字都被刻在金字塔内壁上，后人称之为金字塔铭文。随后，由于纸莎草的普及，人们把这些文字写在这些纸莎草上，装订成书并称之为《死者书》。《死者书》一般藏于幽冥之神俄赛里斯（Osiris）雕像足底的暗格中，然后再放置于墓穴之中。古埃及人相信，只有这样俄赛里斯才能看见自己一身的功绩，而引领自己永世长存。

图4-4 阿尼和他的妻子穿越冥界（引自埃及《死者书》）

公元前1240年的“阿尼（Ani）”文稿是一个典型的例子（图4–4）。除了文稿它还包括许多描绘阿尼和他的妻子穿越冥界的情景的图画。古埃及人通常把死亡看作一次危险旅程的开端，而不是生命的终端。为了到达神明居住的地方，他们必须首先穿越阴间。每一部《死者书》都是为某位将进行这次旅程的死者量身定做的，包括与死者生前的生活相契合的咒文和赞美诗，以及对旅程中每一次试练的回答语。这些试练中最具决定性的是阿努比斯（Anubis）的心脏称量判决。

对古埃及人来说，心脏除了提供生命之外，它还承载着所有的记忆，所做的不管善恶都保存在心脏之中。一个人死后，在审判厅中进行一场审判仪式，而他的心脏将被作为审判的主要依据。死神阿努比斯引领死者进入大厅，死者的心脏被放在天平上与玛特神（Maat）的真实之羽做重量方面的对比。由阿努比斯调整天平的铅锤，图特神（Thoth）记录下裁决的结果（图4–5）。

图4–6介绍了古埃及人保存尸体的方式。人们认为保存好了尸体才能保存住死者的灵魂和意识。这些插图反映了当时为死者举行的仪式，非常详细，从中可以看到，死神阿努比斯参与木乃伊的制作，后面则详细记载了在木乃伊制作过程中需要的咒文。

图4–7中记录着死者在阴间旅途中必须用到的东西。例如，要说出神祇的名字才可以通行，记住船的零件才可以上船。用现代人观点，就是旅行攻略，顺利到达目的地的条件之书。《死者书》不仅仅表达了这些内容，还表达了古埃及人对死亡的尊重，如同对于生的欣喜。

图4–5　阿努比斯的心脏称量判决（引自埃及《死者书》）

图4-6　制作木乃伊保存尸体的方法（引自埃及《死者书》）

图4-7　内页插图（引自埃及《死者书》）

三、玛雅文化中的插图

随着哥伦布来到了新大陆，玛雅文化被当时欧洲艺术家发现并认识。玛雅人的插图通常画在树皮或动物皮上，再修剪成统一的规格进行装订折叠，玛雅人的插图先用粗黑线描绘形象轮廓，然后以彩色平涂，不带有立体透视感。

至今，哥伦布之前（即1492年之前）的玛雅手抄本只有记录天文数据和占卜内容的德累斯顿刻本和马德里刻本，以及记载宗教仪式和典礼的巴黎刻本存留在欧洲的博物馆中。下面三张插图是玛雅手抄本的内容，在画风上呈现与欧洲完全不同的风格（图4–8）。

（a）马德里刻本

（b）米斯克特人刻本

（c）博尔吉亚刻本

图4–8　内页插图（引自《玛雅手抄本》）

四、维吉尔（Virgil）的诗篇中的插图

维吉尔是奥古斯都时代的古罗马诗人。他有《牧歌集》《农草诗》及史诗《埃列阿斯纪》三部杰作。其中的《埃列阿斯纪》长达12篇，是代表罗马帝国文学最高成就的巨作。因此他也被罗马人奉为国民诗人，被当代及后世广泛认为是古罗马最伟大的诗人，世界文学史上伟大的文学家之一。

维吉尔最重要的三部作品中的首部是《牧歌集》，其是一部以乡间生活为题材的田园诗集。传统上认为《牧歌集》的写作动机来源于维吉尔在曼图亚的农场被强征以及其试图收回农场的尝试。书中共有十首诗，其中维吉尔做了许多先知式的预言，他预言一个孩童的降临将带来人类的黄金时代，会减免人类的罪恶。这个阿波罗神谕式的预言被许多人用不同的方式理解，后世的基督徒认为维吉尔预言了基督的诞生。

《埃列阿斯纪》被广泛地认为是拉丁语文学最伟大的成就，此书受到了《荷马史诗》的巨大影响，内容讲述埃列阿斯本人是特洛伊人，在战争后带领家园被毁之后的特洛伊人，在意大利重建他们的民族，罗马人便自此而来。书中直接赞扬了罗马和罗马人民，用诗句传达出人与神对罗马的青睐，把罗马和国家主义提升到了天赋使命的高度，从而极大地振兴了罗马人民的爱国主义情怀和民族自豪感。

图4–9是存于梵蒂冈图书馆的维吉尔诗篇手抄本中的插图。作为古典时期著名、感人的插图书籍，维吉尔的诗篇被认为是古代手抄本这一新的形式取代纸莎草书卷轴的最令人印象深刻的范例。

图4–9 内页插图（引自《梵蒂冈的维吉尔》）

第五章 中世纪时期的插图

按照意大利人文主义史学家定义，西欧中世纪时期泛指公元500~1500年。在此时期，欧洲尚未发展出成熟的印刷技术，甚至连完整的纸张制作都不完善，这一时期的书籍插图以手抄本中的手绘插图为主。

在中世纪的欧洲，书写常使用制作精良的羊皮纸。直到12世纪制作纸张的技术才从阿拉伯占领的一个西班牙地区雅提瓦传入欧洲，大约在13世纪传入意大利北部，14世纪传入法国的特尔瓦和德国南部。因此直到15、16世纪，以纸张为材质的书籍才逐渐普及。

中世纪，意为古典文化与文艺复兴这两个文化高峰之间的一段历史时期，也是人类文明史中的一个自然延续阶段，而在这一阶段中，欧洲人们的生活与宗教密不可分。各阶层的人，无论是国王还是领主，无论是骑士还是普通百姓，仅能在宗教的框架内思考与生活，无法超越。因此中世纪时期，各类福音祈祷书、《圣经》被作为书籍插图最常使用的载物，是真正的中世纪的“畅销书”。

真正到了13世纪，色彩绘图手抄本才流行起来，精美的手绘插图和文字装饰在这一时期盛行起来。制作手抄本的工匠们心存敬畏，牧师们将这些精美的手抄本视为布道的辅助物，因此被珍藏而保存至今，后人才可以得知当时书籍插图的精致。这些祈祷书中通篇采用哥特字体，叶旋涡装饰框架，章节起首字母大写，并配有小巧装饰性质的象征物，同时也会配合内容大量加入精美细密的画作。其中的图案通常取材于中世纪贵族的纹章徽记及宗教的艺术。当时社会倡导的理念为“艺术是非个人化和自然化的，所有的艺术都必须依附宗教和上帝的教义而存在，包括所有类型的艺术品雕刻、绘画、彩绘玻璃等只能在上帝的世界——教堂中存在”。宗教书籍插图在中世纪成为宣传教义最直接的方式。前几章谈到的宗教书籍多为印刷本，此章的书籍多为手抄本宗教书籍，虽然也穿插少量其他书籍，但在其插图中依然可看到宗教的影子。

一、《马内塞古抄本》中的插图

《马内塞古抄本》也称为《马内塞古诗歌手抄本》，是内容最全面也是最著名的中世纪德语诗歌手抄本。其基础版本产生于1300年前后的苏黎世，其中有138张插画是被诗人们美化的宫廷生活的花体首字母图案画，是研究上莱茵的哥特式泥金装饰手抄本的宝贵资源。这些花体首字母图案画是由四位不同的艺术家共同完成。书中包括了140部作品，几乎每一部都有整页的作者画像，其中很多都描绘了作者的纹章和顶饰。这些诗歌作品都使用其字母发音顺序，诗句超过6000句。《马内塞古抄本》是一项没有真正完成收集工作的重大成果，无论是文字还是插图都没有完全整理成册，因此插图的创作者也无从考据。图5–1这七幅插图的内容分别是：（a）两位带鹰打猎的骑士，戴冠的尼康拉丁左上方是其徽章，与耶路撒冷王国的纹章非常相似；（b）西里西亚的海因希四世在接受贵妇的花环；（c）勃兰登堡的奥托四世与妻子正在下棋，正右上方仍然是其纹章；（d）奥托·冯·博登劳伯爵托付一位信差；（e）博登劳伯爵的诗作之一，每段首字母大写，使用红色标注，并用蓝色线条装饰；（f）海因里希·冯·费尔德克爵士在花鸟包围中创作诗歌；（g）戈特费里德·冯·内芬爵士为心上人朗诵诗歌。

书中138幅插图无法一一列举，但从中依然可以看到，中世纪时期骑士文化和家族图章家系学的普及性，使现代许多资料的考证都是从当时一个个图章纹样开始的。

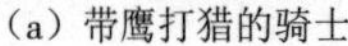

（a）带鹰打猎的骑士

（b）骑士接受贵妇花环

（c）奥托四世与妻子下棋

（d）伯爵托付信差

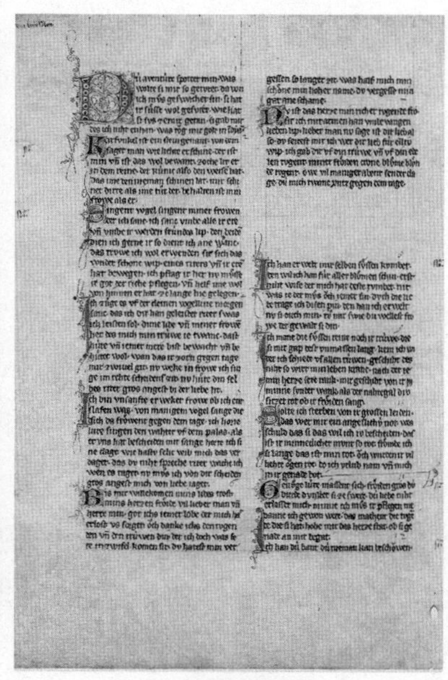

（e）伯爵的诗作

（f）爵士在创作诗歌

（g）爵士为心上人朗诵诗歌

图5-1　内页插图（引自《马内塞古抄本》）

二、《圣史蒂芬的殉难和圣保罗皈依》中的插图

13世纪开始流行的色彩绘图装饰手抄本是中世纪手抄本中最为精致华丽的，而描绘基督教内容的祈祷书更是手抄本中的珍品。图5-2是1340年描绘圣史蒂芬的殉难和圣保罗皈依的情景，细密画是四个隔间的内分场景画法，插图旁边配有文字的说明。从中可以看出，当时手抄本的插图与文字之间的关系，多幅插图表示情节关系，而少量文字的辅助说明，使图片所表达的内容更清晰明确。

图5-2　圣史蒂芬的殉难和圣保罗皈依（引自《祈祷书》）

三、《唱诗本》中的插图

此处的《唱诗本》是1489年意大利克雷莫纳的羊皮纸绘插图手抄本《唱诗本》的拉丁文版。这本对折的书的空白处有图案填充的大写字母“G”，描绘的是“圣弗朗西斯接受圣痕”。音符与唱词中间穿插着小面积的插图，页边画的装饰仅仅只有一个部分，这使整个页面呈现与当时插图风格不太相似的简洁特点（图5–3）。

图5–3　圣弗朗西斯接受圣痕（引自《唱诗本》）

四、《论爱》中的插图《爱情之树》

《论爱》是安德雷斯·卡波拉努斯（Anderes Kapolanus）于12世纪末模仿奥维德《爱的艺术》所创作的作品。他将完美的爱情主义形容为“纯洁之爱”。卡波拉努斯对爱情的理解被展现在这张描绘《爱情之树》的手稿中。在图5-4中，树的底部刻画了爱情的萌生及女子对男子的约定；树的第二层的男女则出于“脑的沉思和心的深情”互相靠近，但男子仍和先前一样采取跪姿，合并的双手则是典型服从的手势；到了第三层，这对男女在同一条长凳上并肩而坐，并做出明确拥抱的姿势；树顶则有个手持弓箭、形似爱神的人，对于普通的中世纪情人而言，“维纳斯的终极行为”仍是爱之步骤中不可或缺乃至决定性的一环。

图5-4　爱情之树　插图创作：卡波拉努斯（引自《论爱》）

五、《圣徒的生活》中的插图

图5-5是1280～1285年意大利伦巴底的羊皮纸插图手抄本《圣徒的生活》中的一页，该页的插图描绘圣人站在一座塔楼边，身旁是大写印刷的字母“B”，上方则是片段的文字和红色标题。残余的几行哥特字体写于反面，略有褪色。在这一时期大部分手抄本是《圣经》等宗教书籍，当时的工匠都怀着敬畏的心情去制作，也由于其承载神圣的内容，才得以被完好地保存至今。

图5-5 《圣徒的生活》中的一页（引自《圣经》）

六、《动物寓言故事》中的插图

在中世纪文学发展中，除宗教书籍和以宗教文化为主的周边文学书籍（如谈论宗教人物和宗教书籍中局部内容的书），记载宫廷事件与场景的书籍也是重要的一部分。而在市民文学中，没有什么比动物寓言故事更受欢迎的。他们以动物的形象影射时政人物或特定人群，如狐狸代表狡猾的人，而狼则是食肉凶残的人；以动物的行为暗喻这些人的行为，故事具有讽刺和警示意义，对世人起到提醒的作用。

由于寓言中所依据的往往是对自然历史事实的错觉，甚至为了一定的目的而有意夸大，使得故事深奥，因此动物寓言的插图内容大多并不遵从自然正确的规律，也不太注重动物形体的酷肖性。因为在插图创作的概念中，拟人化表现和插图的象征意义才是最重要的，能表现宣扬书中的主要教育意义就达到了目的。所以这一时期的动物寓言插图可能会模糊不清，难以辨认甚至带有奇幻的色彩。图5-6、图5-7是两幅动物寓言的插图。第

图5-6　独角兽寓言故事（引自《动物寓言故事》）

图5-7　人与动物形象结合（引自《动物寓言故事》）

一幅是12世纪晚期一则关于独角兽的寓言故事的首页。其中有人物、动物与植物，但表达形式中装饰图案特点明显，代表了中世纪对装饰化插图的偏爱。第二幅则是人与动物结合的形象，保留了大部分动物的特征但又具有人物的动作形态，这是许多动物寓言插图的特征共性，穿着人类衣服或行为举止与人类相同，更能达到暗喻借喻的目的。

七、中世纪末期法国对于书籍插图的推动

值得一提的是，这一时期的法国君侯花费大量的财力与人力，出版了许多昂贵的手抄本，促进了书籍插图的发展。菲利普三世（Philippe Ⅲ le Bon），别名善良的菲利普，勃艮第公国的缔造者，百年战争末期欧洲重要的政治人物之一，非常热爱艺术。他在宫廷中雇佣大批的金匠、珠宝匠、画家、音乐家及其他能工巧匠，为其绘制旗帜，装修车辆，装帧画册。他采用了一种积极的文艺资助方式，特别是资助有着精美插图的书籍，因为

他认为阅读能带给人一种精神享受。图5-8是一幅表现菲利普三世正在接受他的臣子献给他的一本书的插图。通过君侯们的政治支持和财力资助，中世纪手抄本的书籍插图才会有更高的艺术成就。在以后的几个世纪中，当权者为作家、艺术家增加赞助人和保护人的现象，也成了传统。

图5-8　菲利普三世接受臣子的献书

第六章 文艺复兴时期的插图

起源和发展于意大利的文艺复兴是中世纪之后欧洲文明的一个新的时期。意大利这个国家在近代是艺术的代名词之一，历史上近代艺术在此孕育诞生，更重要的是意大利在文艺复兴时期的文化成就形成此后很长一段时间西方价值标准的典范。在当时，文艺复兴的展开不单纯是经济发展的必然结果，它还是由政治、经济、文化、教育甚至权贵的爱好、个人趣味、社会时尚的因素综合而成。14世纪之后由于商业的兴起，贸易交换逐渐发达，社会文化有了宽容的迹象。在古文化研究中人们发现一个全新、灿烂美妙的世界，被世人视为现世的理想，而在当时对古籍的考据成为时尚。

在历史上，“文艺复兴”一词最先是乔治・瓦萨里（Giorgio Vasari）提出的，用文艺复兴描述西欧近现代社会文化的形成耐人寻味。欧洲近代文化的形成是一次思想意识的转换，而不是一场社会革命，而思想意识的变化则在文艺方面呈现出来。古代希腊和罗马艺术中的视觉艺术与造型艺术的风格，在文艺复兴时期被渴望张扬个性和欲望的人们彻底地解放出来。人们的视觉、触觉、听觉、感觉等突然苏醒，而感觉的解放在审美方面的直接表现就是视觉艺术与造型艺术的解放。在视觉艺术方面，达・芬奇（Lionardo di ser Piero da Vinci）研究如何运用线条与立体造型去表现形体，并运用这种方法来研究解剖学及其他问题。而米开朗基罗・博那罗蒂（Michelangelo Buonarroti）与达・芬奇不同，他的革命性艺术贡献在于对视觉艺术的别样理解。对他而言，艺术不是一种知识，而是一种表现手段，他在西斯廷教堂的天顶创造了一大群人物形象，体现了他不平静的心灵状态。此外，还有拉斐尔·圣齐奥（Raffaello Sanzio），他利用明暗与光影使艺术作品变得更加辉煌。文艺复兴的成就不仅仅在意大利本国，还扩展到法国、西班牙、德意志等其他国家。

而在法国，由于印刷术的迅速发展，还有许多从意大利学校回国的艺术家，使这里有着欧洲最大的印刷市场。印刷行业受到文艺复兴人文主义的影响，使许多出版商和艺术家同样成为思想家，是精神文化的核心人物，他们在插图印刷及书籍出版上成为探索者。

一、丢勒的宗教插图、宫廷书籍插图和科学研究插图

当时德国许多艺术代表人物均参与了书籍插图的创作，他们的作品也成为当时插图艺术的代表作。前章列举的文艺复兴时期的宗教插图部分就是在绘画与雕塑上颇有成就的丢勒制作设计的，如《圣经·启示录》中《四骑士》《大力的天使》《大受难》《小受难》和《圣母玛利亚传》等。丢勒于1471年出生于德国纽伦堡，他的父亲是移居德国的匈牙利侨民，丢勒的体内流着马扎尔人的血液。他的教父是当时纽伦堡著名的出版商，他自幼就在教父的绘画作坊和印刷所接受艺术启蒙教育，这导致他成年后的创造涉猎版画和插图设计领域。

丢勒师从当时纽伦堡的一位绘画艺术家米夏埃尔·沃尔格穆特（Michael Wohlgemut），跟他学习透视、数学和建筑学，四年时间他游历全德意志、尼德兰、瑞士，后来到意大利。他在游历期间，广泛接触了文艺复兴时期的艺术作品，并与宗教领袖马丁·路德及周围的人建立起密切的联系。丢勒同意马丁·路德的观点，同时也为圣经等宗教书籍创作了大量的插图，前文中介绍的几幅知名的圣经插图作品均出自他的设计。丢勒作为北欧文艺复兴艺术最重要的代表人物被载入史册，他在版画上的成就要比素描方面更高且更有技巧性。他的书籍插图大致包括以下三个方向：宗教类书籍插图（前章已做详细案例分析）；宫廷出版物，大都是关于德意志国王与神圣罗马帝国马克西米连一世（Maximilian Ⅰ）的，记载他生平重大的事件；科普读物、科学研究与美学教育，大多数也是与艺术及工艺技术相关联的。

奥地利大公马克西米连一世是当时德意志王国的唯一统治者，也是哈布

斯堡王朝的首领。他使哈布斯堡王朝统治着16世纪的欧洲，他一生进行了一系列反对法国入侵的战争。马克西米连一世虽然坚信武力才是解决冲突的有效方式，但这毫不减少他对艺术的热爱，他保护和支持了许多艺术家。

1512年，丢勒成为马克西米连一世的宫廷画家，并开始为他的宫廷出版物进行版画创作。在1515年纽伦堡出版的《祈祷书》中，丢勒受马克西米连一世的委托，在《祈祷书》空白处用彩笔绘制插图。这是手抄本插图的形式，使用了绘画的技巧，加入了书籍故事中的情节。书中前45页的插图作品由丢勒亲手绘制，而其他画家画了后面的部分，图6-1是其中的一幅插图作品，这幅插图灵感来自《祈祷书》中的《让我们不受诱惑》。丢勒擅长使用动物主题的作品，表达深刻寓意，这幅插图即是以狐狸吹风笛来诱引家禽的形象，暗示人们也可不受到诱惑。

在马克西米连一世的宫廷书籍中，有一部是关于纪念他本人的历史书《白色国王》（图6-2），该书是由另一位艺术家汉斯·布克迈尔（Hans Burgkmair）完成的，内有135幅木刻插图，但1778年才出版。而另一部更有名气的《高贵思想》，是由他的教师兼秘书梅尔基奥尔·封钦（Melchior Finch）写的诗篇，记录马克西米连一世作为骑士的典范所起的作用。其中极富想象地描述1477年马克西米连一世迎娶他的新娘——勃艮第的玛丽

图6-1　让我们不受诱惑　插图创作：丢勒（引自《祈祷书》）

图6-2　内页插图　插图创作：汉斯·布克迈尔（引自《白色国王》）

（Marie）途中的一些冒险经历。

图6-3作品是丢勒书籍插图的另一种类，是关于花草类介绍书籍的插图，文艺复兴时期许多知名艺术家同时也进行其他学科的研究，并绘画出精美的说明性手稿插图。达·芬奇也有相似的植物说明性手绘插图表现（图6-4），但两者相较而言，丢勒的作品更加写实，表现原物的本质，而达·芬奇的作品则常有明确意图和清晰的推理关系以及有机的生命意识。

图6-3　草　插图创作：丢勒

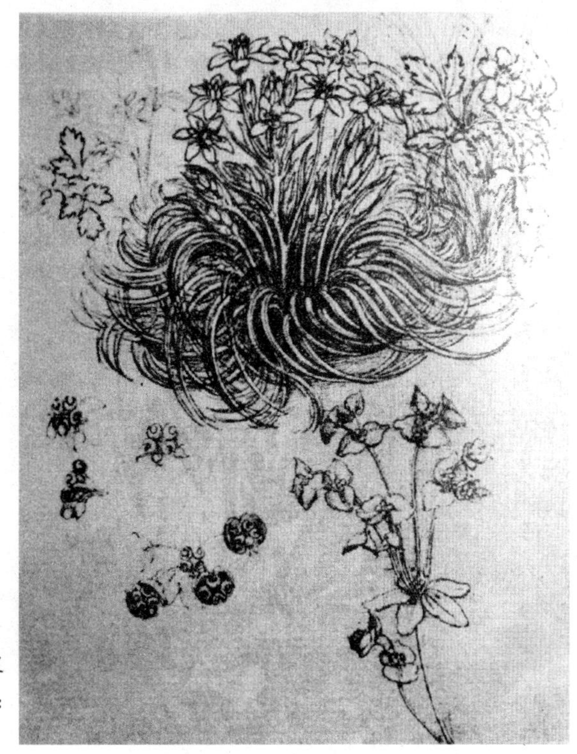

图6-4　伯利恒之星　插图创作：达·芬奇

丢勒的科学研究，主要集中在版画和插图中的透视、比例、测度、解剖和建构等问题上，图6-5来自丢勒的科研书籍《量度四书》中的德文版原书，精确地表现了当时较为先进的透视与测量几何的方法，显示出丢勒作为艺术家还推动了当时科学技术的发展。

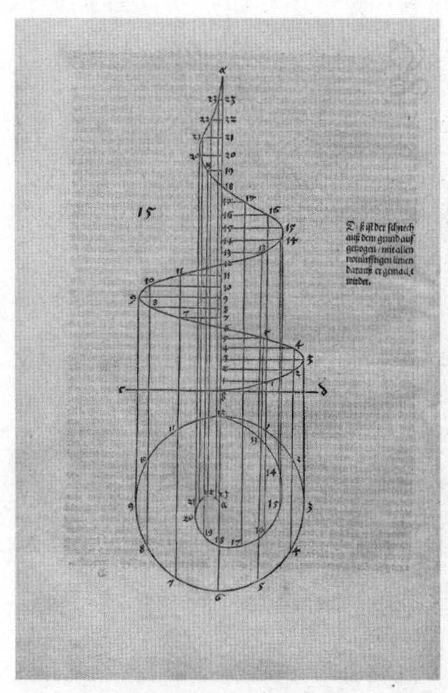

（a）曲线与直线的比例测量法

（b）表现当时绘画形式的插图

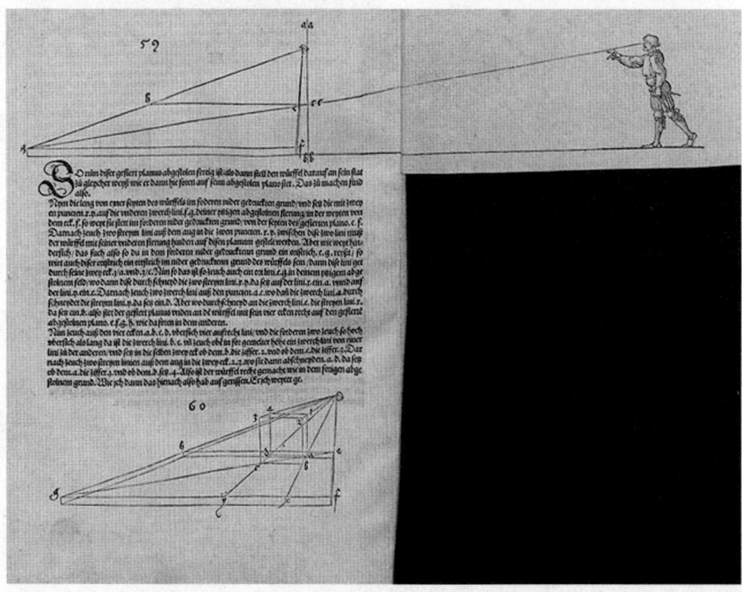

（c）透视与比例

图6-5　科学类插图　插图创作：丢勒（引自《量度四书》）

二、伊拉斯谟的《愚人颂》和霍尔拜因的插图

德国另一位在插图上做出杰出贡献的艺术家是汉斯·霍尔拜因。在《圣经》及其他宗教书籍上有他大量的有创意的插图作品，著名的人文主义者伊拉斯谟的名著《愚人颂》，讽刺当时社会上愚蠢情感占据上风的状况，霍尔拜因创作的有作者像的扉页画（参见图2–3）和书中一系列页边画。

伊拉斯谟来自荷兰的鹿特丹，他对宗教生活有着深刻的了解并且提出个人观点，即教会体制无法改革，改革的不仅有机构还应包含教义部分。伊拉斯谟有着非凡的才华，这从他的文字中可以看出。当时著名的霍尔拜因为其书籍进行插图创作。

霍尔拜因出生地有待考证，但他自小便受到专业的熏陶，师从其父，多才多艺，创作形式中不仅包含宗教画、细密画、书籍插图，还有设计珠宝、家具及室内外大型壁画。霍尔拜因毕生的艺术成就集中在英国的宗教教会与宫廷中，创作大量宫廷肖像画，装饰那些为国王和贵族所使用的圣经书籍，但使人最难忘的插图作品，仍是前文所提到的《死亡之舞》与《死亡字母》（参见图1–6、图1–7）。这些题材与形式被后来的艺术家们多次借鉴。

三、《植物志》中的插图

1542年德国出版了一部著名的拉丁文的《植物志》，此书第二年被译成德文出版，作者是莱昂哈德·富克斯（Leonhard Fuchs）。他是在大学任教的医学博士，是蒂宾根大学第一位实地观察和研究植物的医师，并在德国建立起第一个植物园。他对植物的医学用途有极大的兴趣，因此出版了此书。这是一部植物采集指南，富克斯并未对所有植物进行详细的分类，只是以植物名称首字母排序，详细描述它们的形状。《植物志》中先后列举了400多种植物，并配有512幅插图。书中的插图由三位艺术家共同合作完成：海因里希·富尔毛尔（Heinrich Fullmaurer）画出植物样本，阿尔伯特·迈尔（Albert Meyer）负责拓印到木板上，最后法伊特·鲁道夫·施派克尔（Veit Rudolf Speckle）将其刻出来。图6–6即是《植物志》中艺术家们共同完成插图的场景。这表明在当时的印刷过程中，绘画和木刻已经开始分工，刻工按画家的画稿刻成雕版，在后期的艺术绘画中，画面复杂、

图6–6　艺术家们共同完成插图场景（引自《植物志》 作者：富克斯）

讲究明暗、透视之后，还会在刻制之前增加一个打样稿的步骤，将画稿转换成版画样稿，再由刻工进行制作。

《植物志》以其精美的、可媲美手抄本的插图作品，结合有条理的论述和精确的描述，成为生物学发展史上的里程碑（图6–7）。其后瑞典植物分

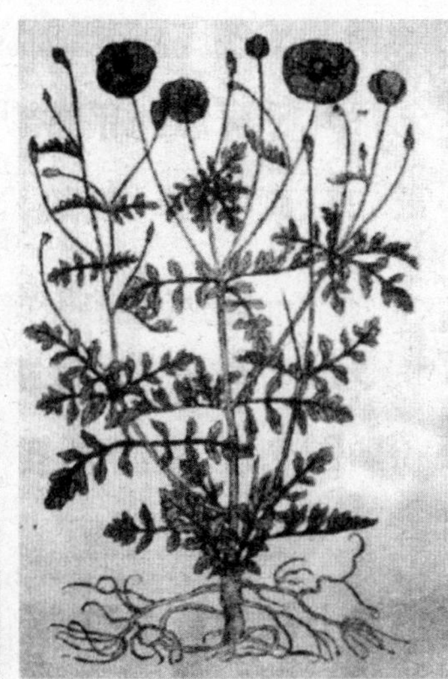

图6–7　植物插图（引自《植物志》 作者：富克斯）

类学家卡尔·冯·林奈（Carl von Linné）在进行他的历史性的分类工作时，选用了许多富克斯的描述。内容的科学性与精美的插图，使《植物志》表现出与印刷本不同的精致手抄本的风格。

四、阿尔勃莱希特·阿尔特多费尔（Albrecht Altdorfer）创作的《亚历山大之战》

图6-8是阿尔特多费尔创作的著名《伊苏斯的亚历山大之战》中的插图。阿尔特多费尔是雕版师的儿子，他是欧洲第一个擅长绘画美丽的森林、日出和废墟的画家，是德国风景画的奠基人之一。在作品中，他把人作为大自然的一部分与树木、山水融为一体。《伊苏斯的亚历山大之战》并不是当时常见的木刻版画插图，而是精致的手绘插图。图中表现的是亚历山大

图6-8 亚历山大之战插图创作：阿尔特多费尔（引自《伊苏斯的亚历山大之战》）

之战中，马其顿国王亚历山大大帝侵入亚洲，征服古伊朗阿契美尼德帝国的多次胜利中的一次，于公元前333年在今土耳其南部伊斯肯德伦湾沿海的伊苏斯大范围展开。亚历山大大帝对阵波斯帝国大流士三世，以不足对方三分之一的兵力获胜，大流士三世临阵脱逃，他的母亲、妻子、儿子都成为俘虏，但受到亚历山大礼遇。木刻印刷的插图难以表现出如此复杂的情景和宏大的战斗场面，因此阿尔特多费尔宁愿花费大量精力去绘制书中的插图。作品以德国城市和阿尔卑斯山为背景，马其顿士兵穿着德军装备，波斯军士是戴头巾的异国装扮。夕阳西下，战争接近尾声，右侧的马其顿军队以明显优势压倒左侧波斯军，中间大流士乘坐战车仓皇逃窜，他身后是骑马持枪的亚历山大在穷追不舍。该作品原稿已被德国慕尼黑画馆收藏。

五、寓意画册中的插图

文艺复兴时期还流行一种书籍，称为寓意画册，类似现在的寓言书。但其中以插图为主、故事为辅，生动地向读者展现出故事中的情节和场景。中世纪的动物寓言可以看作是此种文体的起源，但有着插图配文形式的作品是起源意大利的安德烈亚·阿尔恰托（Andrea Alciato），至17世纪这种书籍形式就风靡欧洲了。

图6-9、图6-10是1534年阿尔恰托创作的寓意画插图，图6-9的画题为《对付竟敢不顾自己实力的人》。图6-10画题为《王子为他臣民的安全而担忧》，画面清晰明确，构图完整，起到辅助说明的作用。阿尔恰托从古希腊的文集，还有晚期希腊人和中世纪基督教的诗文中吸取美感，通过优美而有说服力的语言，以谚语、格言的形式，传达说教哲理，使其不失为一部图文并茂的寓教于乐的作品。

16世纪是寓意画册类型、图文并茂的书籍的鼎盛发展时期，有些印书馆和出版社专门出版此类文学书，有的寓意画还结合了宗教内容，如1571年出版的由德国乔治·德·蒙特奈（Georgette de Montenay）撰写的《寓意画，或是基督教的箴言》。欧洲当时还出现了借鉴寓意画册形式的“爱情画册”，内容涉及爱情的方方面面，可作为恋人们互相赠予的礼品。从当时出版的情况来看，寓意图册已成为时尚，并发展成为国际潮流。

图6-9 对付竟敢不顾自己实力的人（引自《寓意画》 作者：阿尔恰托）

图6-10 王子为他臣民的安全而担忧（引自《寓意画》 作者：阿尔恰托）

第七章 巴洛克时期的书籍插图

巴洛克时期，欧洲列国开始了向外扩展殖民地的进程，欧洲内部也面临着宗教冲突。17世纪是战争不断的世纪，随着重商主义的出现，相对物质需求而言，精神上的需求更难以被满足和实现。欧洲国家把殖民地看成出口商品的市场和原材料的供应地，两地的商业供应被欧洲垄断，使贸易出口总额大于进口的盈利，即称为“顺差”。因资本掠夺和剥削，欧洲国家得到更多财富的积累，使生活物质得以提升。巴洛克时期的艺术显著特征是豪华的宫廷、壮观高大的建筑结构、重大场合节日的重重装饰。这种艺术风格首先开始于上流社会，后被大众普遍接受，但这也是当时上层阶级的审美趣味，并在丰富的物质条件基础上，所以这一阶段也被称为“豪华富丽的时代”，但同时带来的也是日渐空虚的精神需求，因此这个时代对于书籍的渴望是空前的，对于书籍的美也有更高的认识。

如果说15、16世纪是木刻版画的时代，那么进入17世纪，铜版或称为金属版的印刷技术得以发展成型，而当时法国也被称为铜版画的制作中心。

一、《古希腊和罗马文物》中彼得·保罗·鲁本斯（Peter Paul Rubens）的插图

鲁本斯堪称17世纪伟大的艺术家之一，他的作品代表着巴洛克艺术生动、富有激情和雄伟富丽的风格。鲁本斯幼年因家庭拮据被送往贵族圈中做

少年侍卫，这使他接触到艺术并认识更多的上层阶级。他于1600年前后在意大利研究大师们的作品，又通过提香（Titian）等人的作品吸收威尼斯画派的精髓，并在几年后开始宫廷肖像画和宗教题材的绘画，创作出大量的巴洛克风格的大型祭坛画。但鲁本斯在版画插图中也是极有成就的，前文中介绍的宗教书籍中乌尔班八世（Pope Urban Viii）的《诗集》书名页即他所创作。

鲁本斯最早的插图是为他的兄弟菲利普·鲁本斯（Philip Rubens）所著的一部考古学研究著作而作，此部著作1608年出版于安特卫普。他为1670年出版的戈尔兹努斯（Gorzenus）的《古希腊和罗马文物》所作的插图是插图史上的杰作。鲁本斯在版画插图中培养和形成了一个学派，其中许多人成为书名页和书籍插图方面的专家，鲁本斯在这方面的影响浸透和深入了弗兰德斯的书籍插图整体。后期鲁本斯则专注油画创作，取得很高的成就。

二、《荷兰人永生》中罗门·德·霍格尔（Romeyn de Hooghe）的插图

1673年，荷兰外交官亚伯拉罕·德·维克福特（Abraham de Wicquefort）撰写并出版的《忠诚的真正的荷兰人永生》是基于法荷战争的背景。书中插图《荷兰人永生》（图7-1）中描绘了荷兰军队和百姓英勇抵

图7-1　荷兰人永生　插图创作：霍格尔（引自《忠诚的真正的荷兰人永生》作者：维克福特）

抗法军的情景。在插图中，霍格尔详细描绘了法国军队在村落中大肆破坏而呈现的狼藉场面，但画面中的荷兰人民仍是坚持反击。画面传递出信念，即躯体虽然死亡，但坚定的信念却永生。

霍格尔生于荷兰，是著名的蚀刻艺术家，是整个17世纪中尼德兰伟大的插图艺术家之一。霍格尔创作的形式十分广泛，宗教书籍、寓意画册、肖像画、地形图等，并为当时知名的作家如乔万尼·薄伽丘（Giovanni Boccaccio）、让·德·拉·封丹（Jean de la Fontaine）等的书籍创作插图。他一生共创作了大约2800多幅插图，作品具有想象力、情感性，黑白对比的特点，给人留下强烈印象。

霍格尔为记录荷兰当时许多的革命和庆典活动绘制了一幅幅插图。他还作为尼德兰·奥兰治亲王威廉（Willem Oranje）的御用画师，记载亲王威廉的事迹，如图7-2所示，展现奥兰治亲王回英格兰时途经海牙的盛况。图中细节丰富，笔触细腻，后期研究一度认定这是手绘插图，因为其内容

图7-2　奥兰治亲王回英格兰时途经海牙　插图创作：霍格尔

繁多，清晰细致，雕版印刷无法达到这种水准。画面中的奥兰治亲王威廉，接受他的岳父英格兰的詹姆斯二世（James Ⅱ）的逊位，在威廉返回英格兰的途中有许多迎接仪式和庆典，霍格尔一一记录下来，并于1690年印刷出版在四卷作品中。

威廉与他的妻子玛丽——英格兰詹姆斯二世的女儿是恩爱夫妻，即使在威廉与他的岳父詹姆斯二世因宗教观念不同而发生分歧，进而演变成战争时，玛丽仍然坚持支持威廉，在政务上，她是威廉的战友，在家庭上她是威廉的贤内助。可惜，玛丽与威廉共同生活了17年后，因感染天花而身亡。威廉是痛苦的，而霍格尔作为宫廷画师以插图的形式记录了这一痛苦时刻。图7-3是霍格尔创作的《玛丽二世的葬礼》，它出现在为玛丽的死而出版的书籍《执政英格兰》里。玛丽躺在床上，而威廉则坐在左方的大座椅上，用手巾拭去脸上的泪水。整幅画面详细地描绘了场景中奢侈的装饰风格，众多的仆人，以及在重重的繁华之中那无法战胜死亡的悲痛。霍格尔的这套插图书，被后世史学家称为巴洛克哀悼书。

图7-3　玛丽二世的葬礼　插图创作：霍格尔（引自《执政英格兰》）

三、《栅栏之战》中雅克·卡洛（Jacques Callot）的插图

《栅栏之战》是用插图形式记录洛林公爵在宫廷大厅举办的一场欢迎活动，是图文并茂的“节庆书”。这类书籍与前文提到的“哀悼书”一样，都是以插图本的形式出版，记录关于宫廷重大事件的书籍。插图部分详细真实地反映了当时的场景，它的作用类似现代的胶片功能，插图不但有装饰的作用，还有纪实的意义，而在当时文字仅是起到辅助说明的作用。

这场宫廷活动的主人是南锡洛林公爵（Lothringen），而客人是舍夫罗兹公爵夫人（The Duchess of Cheruz）。舍夫罗兹公爵夫人18岁时成为路易十三王后的宫廷主管，她与当时的法国国王路易十三有嫌隙，于是参与了当时的权臣也就是红衣主教黎塞留（Armand Jean du Plessis de Richelieu）的政变。政变失败后，舍夫罗兹公爵夫人被流放。1627年，她得到当时已恢复权力的主教黎塞留的许可，得以返回巴黎，途经南锡洛林公爵的领地时，受到夹道欢迎。而这种欢迎表明洛林公爵对政权的一种态度，是一种含有寓意的仪式。图7-4详细地描绘了当时欢迎活动的场景，所有参加者都乘坐各种形态的礼车，分列两旁，中间隔着作为界限的栅栏。贵族们彼此穿

图7-4　栅栏之战　插图创作：卡洛

越过栅栏，进行剑术比赛，而记录出版的书籍也因此命名为《栅栏之战》。插图的创作者是当时法国艺术家卡洛。卡洛出身贵族，喜爱艺术，跟随罗马版画家和印刷家菲利普·托马森（Philippe Thomassin）学习铜版画的雕版技术，然后又在教堂中研究各类风格的作品。在20岁时，得到洛林宫廷艺术家们的赏识和资助。自1621年起，卡洛被聘为南锡洛林公爵的宫廷画师，为洛林公爵创作了大量表现宫廷日常生活场景的书籍插图作品，也记录各类政治活动和节日庆典。卡洛在绘制插图时，惯于将画面处理得有舞台效果，构图取景上场面宏大，人物繁多而个性突出，细微之处仍见繁复，是极具巴洛克风格的艺术作品，卡洛的蚀刻画在欧洲金属版印刷品中占有重要的地位。

四、《圣灵骑士团》中亚伯拉罕·博斯（Abraham Bosse）的插图

《圣灵骑士团》是1634年由法国家系学家皮埃尔·道齐尔（Pierre d`Hozier）所作的《圣灵骑士团的名称、别名、性质和徽号》的简称，骑士团是当时欧洲国家特有的军队组成形式。他们与军队不同，有着独立的团队规定，成员大多是不富裕的贵族后代和没有继承权的私生子。他们有着比平民尊贵的身份，也希望能尽快取得财富和荣誉，因此他们以宗教为缘由，以保护上层统治阶级为目的，成立独特的编队。这本书详细地解说了法国圣灵骑士团的背景、细节和日常活动。图7–5是博斯绘制的圣灵骑士团在不同场合的活动，画面详细清晰，细节处理得当，空间透视立体感强

图7–5 骑士团的活动 插图创作：博斯（引自《圣灵骑士团》 作者：皮埃尔·道齐尔）

烈，层次处理明确。这是因为博斯本人年轻时不但专于绘画，当时还跟随巴黎的数学家希拉尔德·德-扎尔格（Girard De-sargues），学习了透视法，这对于他在版画上灵活使用透视技巧有极大的帮助，他的插图作品中通过透视画法增强画面进深感，使之更有层次。

五、《伊索寓言》中弗朗西斯·巴洛（Francis Barlow）的插图

《伊索寓言》曾作为印刷史上发行较广泛的书籍之一，被再版及重新印刷了多次，历史上也有许多知名艺术家为其绘制插图。

《伊索寓言》相传为公元前6世纪被释放的古希腊奴隶伊索（Aísôpos）所著。书中搜集古希腊民间故事，并加入印度、阿拉伯的民间故事及基督教的故事，共357篇。原书名为《埃索波斯故事集成》，是古希腊民间流传的讽刺故事，后经整理加工成为现在流传的《伊索寓言》。《伊索寓言》中大多数为拟人化动物，它们形象自然，保持动物的形态，行为和思维方式却和人一样，故事篇幅短小却寓意深刻。图7-6是巴洛为其中的一则短故事《狮子与老鼠》所作的插图，内容是狮子恳求老鼠咬破网子来救自己，被解救后却吃掉老鼠背信弃义的故事，图7-7则是巴洛通过想象描绘出伊索生平与动物友善相处的场景。

图7-6 狮子与老鼠插图创作：巴洛（引自《伊索寓言》）

图7-7 伊索与动物们在一起 插图创作：巴洛（引自《伊索寓言》）

巴洛是当时英国知名的书籍插图大师之一，他出生于王族，在1640年英国内战期间逃至法国避难，并学习了法国艺术精华。后来他回到英国，逐渐开始从事书籍插图工作，被称为17世纪英国“最杰出的鸟兽艺术家”。

巴洛插图版的《伊索寓言》于1666年出版，后来经过伦敦大火所剩无几，1667年重印时，由托马斯依据巴洛的原图雕版而成。

六、《伦敦景色》中温塞斯拉·霍拉尔（Wenceslaus Hollar）的插图

1671年，《伦敦景色》一书由英国出版商约翰·奥格比尔（John Ogibly）与当时英国优秀的插图师霍拉尔合作出版。

1665年，鼠疫席卷欧洲，仅伦敦地区，死亡人数就在六七万以上。1665年6~8月，伦敦人口就减少了十分之一。英国王室逃出了伦敦，疏散到民间，当时人们充满恐惧，认为上帝正在迁怒于他们，而基督教的大忏悔和宗教改革都没有改善状况。这时伦敦突遭大火，起因是查尔斯二世的御用面包师睡前忘记熄灭面包炉的火星，而使整个面包房在凌晨两点时陷入火焰中。当时面包房所在的布丁巷是个拥挤的旧城中心，地上的干草和木质结构的房屋很快被点燃，火势蔓延从周六的晚上一直烧到周三，伦敦桥两岸的店铺着火，市政府和伦敦王室交易所已成为灰烬，连圣保罗大教堂都被烧化，铅熔物淹没街道，而教堂古墓的尸骸被爆炸带到了地面。大火烧毁了伦敦，也消灭了大量带有鼠疫病菌的老鼠。地窖中的火在6个月后才熄灭，而伦敦则正式展开重建工作。

1671年，伦敦大部分房屋设施重建，重建时吸取了大火的教训，开始大量使用砖石材料及广泛采用防火设施。重建起来的伦敦与原来不大相同，许多小教堂被合并了，另外新建了一些教堂，奥格比尔有感于此，出版了这本记录伦敦原貌的《伦敦景色》。他是怀着沉重的历史感来创作这一介绍老伦敦风貌的画册，而霍拉尔则是依靠敏锐的观察和深刻的记忆力，为此书设计出上百幅插图。艺术史家称依据此书中的插图，现在的人们才能得知17世纪前伦敦是什么状态，这为后人进行相关的研究提供了有力的插图依据。因此此书的出版被认为是英国书籍插图发展中的一个重要阶段，现代书籍无论从哪一方面介绍历史上的伦敦，无不采用此书中霍拉尔的插图。图7-8表现了当时伦敦泰晤士河旁的景色，重现当时伦敦的街道格局和景色。

霍拉尔生于波希米亚，20岁时来到法兰克福，师从当时的蚀刻画家和出版商马特乌斯·梅里安（Matthäus Merian）。后与英格兰贵族阿伦德尔伯爵（Earl of Arundel）结为好友，得到学习交流的机会。作为一位“有独创性的画家和版画家”，霍拉尔极其勤奋，创作题材涉及宗教、历史、寓言、服饰、地图与肖像等，各领域均有建树，擅长写实性插图作品。

图7-8　泰晤士河旁的伦敦景色　插图创作：霍拉尔（引自《伦敦景色》 作者：奥格比尔）

七、约翰·弥尔顿（John Milton）的《失乐园》中的插图

弥尔顿的《失乐园》在17世纪的英国，甚至在整个英国文学史中，都有着里程碑的地位。在英国文学大师中，弥尔顿的地位仅次于莎士比亚，弥尔顿失明之后创作的《失乐园》《复乐园》和《力士参孙》等作品，达到他文学创作的高峰。

“乐园”即宗教书籍《圣经》中亚当、夏娃住的乐园——伊甸园，它代表着极乐之地，是世间理想的圣地，与上帝同在。但亚当、夏娃在伊甸园被蛇诱惑吃下了代表禁欲的苹果，被逐出了乐园，这也是书名的由来——失去的乐园。

在文艺复兴前后，文学创作中有许多以宗教典故为创作题材及背景的书籍。一些大家较熟知的故事，由作者以不同的角度讲述，影射当时的历史和政治，并根据作者不同立场而给予故事不同的含义。弥尔顿在《失乐园》中以《圣经》中人类始祖亚当、夏娃的故事和《启示录》中撒旦的故事，引出人类历史中的变革，以及17世纪英国历史的变化，暗示了当时英国资产阶级革命失败的原因，也表达了诗人对于当时社会的美好愿望。因此，使《失乐园》这部文学作品具有时代独特性和历史的真实性，并使弥尔顿成为英国当时最具影响的作家之一。

《失乐园》于1668年出版，而插图本《失乐园》则是第四版，此书也开创了世界上首本多位资助人筹措资金出版书籍的先河。出版商雅各布·汤森（Jacob Tonson）是英国伦敦的独立图书推销商和出版商，他认为弥尔顿的《失乐园》有着吸引人的内容和独特的风格，他决定让更多的英国人认识这位伟大的作家和他的作品。汤森征集了五百多人赞助出版此书，并将赞助人名一一列在书后，以示感谢。书的插图也由许多艺术家共同完成，而这里节选出的插图作品（图7–9）是其中优秀的一幅，该图未署名

图7–9 恺撒和堕落天使 插图 创作：奥尔德里奇、伯格什（引自《失乐园》作者：弥尔顿）

但曾被认为是当时的牛津基督教会的教长，擅长插图的亨利·奥尔德里奇（Henry Aldrich）设计，由当时颇负盛名的刻工迈克尔·伯格什（Michael Burghers）雕刻，是被公认为书中最好的一幅插图，也是17世纪最优秀的书籍插图之一。

八、《耶路撒冷的解放》中的多幅插图

这本书是意大利诗人托尔夸托·塔索（Torquato Tasso）1575年创作的一部歌颂骑士爱情的英雄史诗。全诗以骑士唐克雷蒂和伊斯兰女兵克罗琳之间的爱情为主线，表达了骑士崇拜的情结。在中世纪之后欧洲文明的新时期——文艺复兴这个充分肯定人性光辉的环境下，骑士情结促进了罗曼蒂克的复兴。这部作品代表了文艺复兴时代的精神，却在巴洛克时代再次激起人们的兴趣。

而1745年《耶路撒冷的解放》算是18世纪前后全意大利最精美漂亮的一本书（图7-10）。整本书呈现出强烈巴洛克艺术风格，此书开头是神圣罗马帝国的年轻女皇帝玛利亚·特蕾西亚（Maria Theresia）的头像及一段献词，目的是希望她能够认真读这本书。书中出现大量章节概要及精美的页边饰图案，对页则是全文插图，章节结尾处是大幅补白花饰，空白处以花草等装饰图案填满，使作品具有更繁复的艺术风格。此版书籍中的插图由18世纪威尼斯绘画学派的奠基者乔万尼·巴蒂斯塔·毕亚契达（Giovanni Battista Piazzetta）构图设计及其刻工雕刻，具有强烈的艺术特点［图7-10（a）］。

而到了18世纪由法国的格拉夫洛（Gravelot）创作刻制的《耶路撒冷的解放》则带有浓浓的洛可可气息，图7-10（b）是该版本插图中的一幅，从中不难看出，作品笔触细腻雅致，对于画面的处理疏密得当，画风柔美。插图本的《耶路撒冷的解放》表达的是骑士罗曼蒂克之爱，这在帝国时期和革命时代，被理解为追求自由和英雄主义的表现，因而一直在欧洲风行。

(a) 插图创作：毕亚契达

(b) 插图创作：格拉韦洛

图7-10　艾米尼亚公主见牧羊人（引自《耶路撒冷的解放》 作者：塔索）

九、《关于托勒密和哥白尼两大体系的对话》及其插图

17世纪的意大利，发生了一件科学史上永久记载的大事件。意大利数学家、天文学家和物理学家伽利略·伽利雷（Galileo Galilei），通过长时间望远镜观察得出结论证明地球是围绕着太阳公转的。这一理论与当时基督教宣传地球是宇宙的中心，太阳围绕地球转的理论是相悖的。这动摇了“正统宗教”学说的天文学理论基础，伽利略以两人对话的形式撰写了这部书，针对非专业学家进行科学的宣传，内容简单易懂，以口语对白为主。书中全面系统地讨论了尼古拉·哥白尼（Nikolaj Kopernik）日心说和克罗狄斯·托勒密（Claudius Ptolemaeus）地心说的各种分歧，并用作者的许多新发现和力学研究新成果论证哥白尼体系的正确和托勒密体系的谬误。当他这本书终于得到佛罗伦萨当地宗教法官的批准时，1633年伽利略被押回

罗马宗教法庭受审，并被逼表示和哥白尼学说决裂。他被判决宣传异教学说之罪，并囚禁在小村落度过人生最后的时光。但直至今日，哥白尼、伽利略的理论对于人类科学进步仍有巨大的贡献。

图7-11是1632年首版的《关于托勒密和哥白尼两大体系的对话》书籍书名页插图，创作的艺术家则是当时的意大利知名巴洛克风格的版画家斯蒂芬·德拉·贝拉（Stefano Della Bella）。贝拉在罗马系统地学习艺术，主修铜版画，1642年被枢机主教黎塞留聘制作描绘法军攻克北部边城阿拉斯的版画。贝拉后期在阿姆斯特丹学习了海浪风画派的艺术和伦勃朗的绘画技法，对他后期的作品风格影响很大。他一生创作了1400多幅作品，大部分是蚀刻版画，题材包括城市和园林风景以及下层人民的劳动场面。贝

图7-11　书名页　插图创作：贝拉（引自《关于托勒密和哥白尼两大体系的对话》作者：伽利略）

拉与伽利略是好友，他为此书做插图时满怀敬佩与友爱之情，插图设计得十分精致，细节刻画详细，图中表现托勒密、哥白尼和伽利略一起切磋天体学理论，艺术史家评论此插图最大的优点是显示出“伦勃朗式的优美形象”。

插图本《关于托勒密和哥白尼两大体系的对话》出版后，风行了整个欧洲，对科学的推广和宗教的改革以及人们正确认识宗教与科学起到重要的作用，同时精美插图对科普书籍插图的发展起到至关重要的作用。

第八章 洛可可时期的书籍插图

18世纪开始整个世纪艺术进入了洛可可时期，这种艺术风格的发源地是法国，直至今日，法国的艺术在整个欧洲乃至世界，都起到重要的作用。在当时的法国，艺术形式已不限于绘画雕塑这类纯艺术范畴，还包括其他许多设计的形式，如服装、插图、建筑等。

路易十五的情人蓬巴杜夫人（Madame de Pompadour）在法国艺术史上是有争议的人物，无论她在当时的法国是何种地位，受到了怎样的评论，在艺术进步中，她独特的审美眼光使法国出现了更优秀的艺术品，她对艺术家的保护和支持也让当时法国艺术呈现繁荣的景象。

路易十五为蓬巴杜夫人建造了一座与凡尔赛宫完全不同风格的建筑——“小特里阿农”。凡尔赛宫呈现出强烈的巴洛克风格，辉煌壮丽，格局严谨完整、清晰，装饰繁复，有着堆砌的装饰；而小特里阿农则是更多地体现女性的气质，而不呈现男性的冷硬风格。“随着18世纪向前推移，一种无拘无束、自由自在、优美自然的格调日益被宫廷和贵族所器重，被他们当作社会行为准则而接受下来”，这可以被理解为洛可可风格的显著标识。

洛可可本质与巴洛克是有区别的：同样是繁复的艺术形式，巴洛克的风格更沉重，偏向于男性气质的装饰，而洛可可则更欢快、更轻盈、更优雅华丽，这些艺术细节也在插图中明显地表现出来。洛可可风格装饰流行C形和S形的线条，色彩明快柔和，象牙白是当时常见流行色。

铜版画此时期发展迅猛，洛可可风格在线条上的表现使铜版画的装饰性增强，使之更具有艺术特点，这对以铜版技术为基础的书籍插图印刷起到推动作用。

当时的法国，蓬巴杜夫人是社交界的名人，她非常喜爱艺术，常利用手上的职权支持与保护了许多画家、雕刻家等各类艺术家。当时天主教徒与胡格诺派因为一起死亡事件而发生了冲突，而哲学家伏尔泰（Voltaire）同时也发动了一场激烈的宣传抵制运动。蓬巴杜夫人当时请求路易十五公正审理此案，保护案件中的艺术家，使他们不受迫害。这是当时作家、艺术家受到权贵保护的一个著名事件。

蓬巴杜夫人对于艺术的热爱还表现在她亲自动手印制书籍插图。她为法国古典悲剧创始人彼埃尔·高乃依（Pierre Corneille）最成功的悲剧之一的《罗多古娜》雕刻插图，还为其他她支持与保护的作家、艺术家提供出版机会。

在当时的法国，艺术呈现蓬勃向上的势态，并出现了许多杰出的艺术家与书籍作品，影响了整个欧洲，插图作品变得多样，更富有艺术气息。

一、《百科全书》《18世纪末物质和精神的陈迹》及《布鲁图》中莫罗·勒·热纳（Moreau le Jeune）的插图

《百科全书》全名为《百科全书或科学、艺术和手工艺分类词典》，它是当时欧洲出版的第一部较为全面介绍人们生活中许多事物及其内在本质的书籍。翻译家和哲学家德尼·狄德罗（Denis Diderot）被聘请为主编，数学家达朗贝尔（D'Alembert）主编数学部分。此书对当时人们的思想与认识事物的方式产生了极大影响，书中提倡使用怀疑论与科学决定论来探讨社会上的弊端，提出对政府、司法及教会的质疑，因此屡次遭到保守教会及当时政府的反对，还被多次审查。直至1777年出齐正文21卷，图片12卷，共33卷，是整个欧洲在18世纪最宏伟的出版行为，其中2883幅铜版插图，由多位艺术家共同完成，其中许多插图是由莫罗创作完成。

图8-1是《百科全书》的插图，是由莫罗创作的表现手工艺部分内容的插图，详细地再现了当时手工艺作坊中，匠人们是如何进行手工制作的。

图8-1　手工匠人　插图创作：莫罗（引自《百科全书》）

画面细致地刻画了场景，为后期社会学家考察社会发展史提供了详尽的资料。

图8-2是莫罗设计创作的《18世纪末的物质和精神陈迹》的书籍插图，全书由当时法国的作家雷斯蒂夫·德·拉·布雷东（Restif de La Bretonne）撰写说明文字，书中的插图生动表现了巴黎和法国其他地区的青年人、时髦女子和儿童及母亲等不同人物的生活状态，此书于1789年出版。插图表现年轻的男子与时髦女子们共同打惠斯特桥牌的场景，整幅画面轻快明亮，细节繁复，真实地再现了当时人们的服饰特征与生活内容，此书成为后来人们参考当时生活形式的书籍之一。

莫罗有着敏锐的观察力，作品中表现丰富的光影特点。他擅长观察社会生活、风俗时尚和通过肢体来表现出的内心活动。他的插图作品表现了当时欧洲贵族阶层的审美倾向，可作为后期艺术史学家考察这一时期的有力佐证。直到近现代，莫罗的作品也受到人们的喜爱，并被其他艺术家所模仿。

图8-2　玩惠斯特桥牌　插图创作：莫罗（引自《18世纪末的物质和精神陈迹》作者：布雷东）

图8-3是法国大作家伏尔泰的历史剧《布鲁图》的插图。伏尔泰是18世纪法国新兴资产阶级在意识形态方面的代表人物，也是著名的启蒙思想家、哲学家和文学家。许多文学家甚至说没有伏尔泰便不会有后来的资产阶级大革命。伏尔泰并没有完整的哲学体系，但他认为哲学家是战斗的思想家，他一生的经历就体现了他这一信念，他的思想在18世纪的法国大革命前夕影响极大，伏尔泰成为法国思想界的宗师。《布鲁图》是他1819年

出版的，内容是关于罗马共和国时期的元老议员马克斯·布鲁图（Marcus Brutus）的故事，他组织并参与了盖乌斯·尤利乌斯·恺撒（Gaius Julius Caesar）的谋杀。莫罗有着敏锐的观察力，对光和影有独特的感触，他将插图中场景表现得犹如戏剧里的一个个场景。《布鲁图》中的插图呈现出古罗马的场景，迎合了当时法国贵族们的审美趣味。

图8-3　恺撒之死　插图创作：莫罗（引自《布鲁图》 作者：伏尔泰）

二、让·德·拉·封丹（Jean de la Fontaine）的《诗体故事》与《寓言诗》中的插图

著名的拉·封丹作品《诗体故事》1762年版中的大部分插图由夏尔·爱森（Charles Eisen）完成，其中8幅全幅插图由爱森设计，比埃尔-菲利普·舒法尔（Pierre-Philippe Choffard）则设计53幅补白花饰，他是这方面的专家，扉页与补白花饰华丽精美。爱森自小则擅长对书籍做高级装饰和用蔓叶花进行装饰。他的插图中的女性形象优雅、线条柔美，可称得上是路易十五时代雅致的洛可可风格的艺术大师（图8-4）。

夏尔·爱森20岁开始在巴黎版画雅克·勒巴（Jacques Lebas）的创作室工作。1747年，他为法国评论界的尼古拉斯·布瓦洛（Nicolas Boileau）的作品创作了43幅图，成为当时著名的插图艺术家。

图8-4 内页插图 插图创作：爱森（引自《诗体故事》 作者：拉·封丹）

拉·封丹是《诗体故事》的作者，其最著名的作品是《寓言诗》，他创作了大约240篇诗体寓言的故事，反映了当时法国各阶层人民的生活和心态，侧面表现了欧洲18世纪时期的社会思想、政治面貌和人文意识形态。

拉·封丹的《诗体故事》由于其情节的丰富性和形象的趣味性，在出版之后被多位艺术家青睐。他在18世纪出版的寓言故事中的插图创作是由爱森和让-巴蒂斯特·乌德里（Jean-Baptiste Oudry）完成的，在19世纪出版的书中的插图是由托马斯·比尤伊克（Thomas Bewick）完成的。

乌德里生于巴黎，早期作品以肖像画为主，多使用田园景色作背景，画面呈现洛可可的传统魅力。而作为18世纪伟大的动物画家之一，乌德里在书籍插图中，描绘动物作品的数量较多。因此为拉·封丹寓言作品中的动物作插图是他的最好选择。图8-5是乌德里为拉·封丹的寓言故事《狐狸和仙鹤》《狗和影子》所创作的插图。这两幅插图是铜版刻制印刷，线条细腻丰富，形象刻画逼真，背景的设计加入了乡村、森林、城堡等景色，使画面呈现细腻的洛可可艺术风格。

（a）狐狸和仙鹤

（b）狗和影子

图8-5　狐狸和仙鹤、狗和影子　插图创作：乌德里（引自《诗体故事》 作者：拉·封丹）

三、《帕梅拉》中格拉夫洛的插图

在法国的艺术浪潮开始遍及欧洲各地之时，英国却在创造着自己独特的文学艺术，各种小说的形式发展起来，而文学书籍的印刷使书籍插图艺术蓬勃发展。艺术家与文学家的合作，使带有优美插图的书籍成为传世精品。这首先要提到的是塞缪尔·理查森（Samuel Richardson）的《帕梅拉》。该书由一个年轻的家庭女仆受到男主人的侵犯时写给她父亲以寻求应付办法的一小部分信改编而成，又名《贞洁得报》，此书风靡一时。理查森将曲折迷人的故事和祈祷文真诚的道德要求结合起来，该书深受读者喜爱，成为英国出版史上第一部畅销书。理查森为1742年大开本精装《帕梅拉》邀请了格拉夫洛和费朗西斯·海曼为此书创作了插图。

图8-6即是格拉夫洛为此书籍制作的插图。格拉夫洛原名为弗朗索瓦·布里尼翁（Francois Brinon），是著名绘画大师弗朗索瓦·布歇（Francois

图8-6　帕梅拉在家中　插图创作：格拉夫洛（引自《帕梅拉》　作者：理查森）

Boucher）的学生。法国版画家格拉夫洛1732年来到英国，将法国洛可可风格的绘画传统带到英国，培养出整一代英国艺术家。他一直为英国的书籍制作插图，甚至写过一部专业书籍《论透视》。除了《帕梅拉》之外，格拉夫洛还为亨利·菲尔丁（Henry Fielding）的《弃儿汤姆·琼斯的历史》创作插图。

四、塞万提斯的《堂吉诃德》中弗朗西斯·海曼的插图

格拉夫洛创作插图的合作者海曼则更称得上是一位天才艺术家，除了绘画方面的成就，他也与其他艺术家合作完成大量书籍插图。图8-7是海曼为当时的西班牙作家塞万提斯的作品《堂吉诃德》设计的插图。这是一部反骑士的小说，讲述主人公沉迷于骑士小说，时常幻想自己是个中世纪

图8-7　内页插图　插图创作：海曼（引自《堂吉诃德》作者：塞万提斯）

骑士，拉着自己的邻居做自己的仆人，行侠仗义游走天下，做出了种种与时代相悖让人匪夷所思的行为，结果四处碰壁，最终从梦幻中觉醒过来，回到家乡后死去。文学评论家称《堂吉诃德》是西方文学史上的第一部现代小说，书中描绘了西班牙16、17世纪的公爵、公爵夫人、奴隶地主、僧侣、牧师、士兵、手工艺人、牧羊人、农民等不同社会各阶层的男女各色人物，尖锐无情地批评了这一时期西班牙的政治、法律、道德、宗教、文学、艺术和私有财产制度。小说被誉为“行将死亡的骑士阶级的史诗，一部伟大的现实主义文学名著”。海曼设计的插图中表现了多个人物，光影效果层次清晰，人物形态异常生动逼真。插图8-8是海曼为《机缘诗篇》中的“蛇麻草园”创作的作品，表现的是把男孩子和女孩子扔进满是蛇麻草的吊筐的游戏，画面中多个人物表现生动，背景处理轻快、明亮，表现出海曼对于多人物插图的掌控力和洛可可风格的表现。

图8-8 蛇麻草园 插图创作：海曼（引自《机缘诗篇》）

五、托马斯·比尤伊克（Thomas Bewick）的动物插图

图8–9是1797年出版的《英国陆鸟史》中的两幅插图。在当时的欧洲，许多人喜欢购买并阅读科普书籍，无论是自己阅读学习自然科学，还是招待客人时寻找共同话题，科普书籍作为家庭的收藏被放置首要位置。科普书籍的装饰则更精美，同时使插图部分的内容也更加丰富。《英国陆鸟史》是一本介绍英国陆地各种鸟类的科普书，比尤伊克在其中创作和刻制了书中全部的动物形象，并且制作了书中精美的题图和尾饰。比尤伊克对动物插图十分擅长，在这些插图的创作中，尽可能根据他的亲眼观察，先进行

（a）黑鸫

（b）孔雀

图8–9　陆鸟插图　插图创作：比尤伊克（引自《英国陆鸟史》）

水彩写生，然后以版画形式完成创作，无法观察到的才根据标本临摹。他描绘出来的动物体型准确，形态生动。而在科普书籍中，真实准确地表达原型比绘画作品的艺术性更加受到重视。比尤伊克的动物插图，清晰明了，细节完整，皮毛的纹理和色泽都十分逼真。图8-10是1790年出版的《四足动物通史》中比尤伊克绘制的插图，描绘了冬天里乡村的场景，及场景中出现的各种动物，其中还有长颈鹿这种在当时比较少见的动物。

（a）迷人的乡村

（b）长颈鹿

图8-10　四足动物插图　插图创作：比尤伊克（引自《四足动物通史》）

比尤伊克是英国本土插图画家，他使木刻版画重新流行，并极大地促进了英国书籍插图的发展，是欧洲卓越的版画技法革新者。他发明使用鉴刀把图像刻入木板的技法，用平行线取代交叉阴影线，以获取丰富的色调和结构。他还将画板中背景部分挖低，使画板压印时受到较轻的力，使印刷出来的背景呈现出淡淡的灰色，而不是浓重的黑色，从而提高了背景的层次感和美的视觉效果。

比尤伊克曾为许多寓言作品创作插图，也包括《伊索寓言》。《伊索寓言》因为其故事的简短性、故事中动物的角色特点而受到许多插图艺术家的青睐，并为其创作出精美的插图作品。图8-11中的五幅插图都是《伊索寓言》中“狗与影子”的插图。故事内容是：狗衔着一块肉，望见自己在

（a）插图创作：比尤伊克

（b）插图创作：吉莱尔茨

（c）插图创作：图普

（d）插图创作：帕萨洛蒂

（e）插图创作：克莱因

图8-11　不同插图艺术家创作的“狗与影子”（引自《伊索寓言》）

水中的影子，以为是另外一条狗衔着更大的肉，它于是放下自己这块肉，冲过去抢那块，结果，两块都没有了，那一块没捞到，因为本来就没有，这一块也被河水冲走了。故事简短精悍，描绘了动物贪婪的本性的同时，也影射人类类似的本性。这五幅插图因其出版的年代不同，在艺术形式和表达特点上各不相同，刻制的线条是因技术的发展趋向于复杂精细，插图中背景的处理，也从旷野到乡村，背景中的景色与房屋的表达也有所区别。在比尤伊克版本中的插图，还做了椭圆形外框的处理，使之空间感更强烈，给读者以更多遐想的空间。

六、《休迪布拉斯》与威廉·贺加斯（William Hogarth）的画及讽刺画《时髦婚姻》

《休迪布拉斯》是英国诗人和讽刺作家赛缪尔·勃特勒（Samuel Butler）出版于1662年的诗篇。诗篇以片段的形式出现，讽刺诸教徒的狂想、自负、迂腐和伪善。休迪布拉斯是一位忠实的长老会信徒，堂吉诃德式的骑士。他带着忠心耿耿的随从拉尔夫，决定一路前行，制止英格兰的一切嬉戏娱乐，他们一路上经历了许多戏剧性的不幸遭遇。当时的英国国王查尔斯二世很喜欢这些诗作，因为它们讽刺的是他的敌人。图8-12是此书中贺

图8-12　内页插图　插图创作：贺加斯（引自《休迪布拉斯》作者：巴特勒）

加斯创作的插图，曾有人认为他并没有在创作中表现出新的艺术特点，与之前同为此书进行插图创作的人相似，因此评价不高，但贺加斯在同时期的铜版画创作方面是极有天赋的。

贺加斯是洛可可时期英国著名画家、美学理论家，极具特殊才华，被认为是一个“奇特古怪的天才”，曾出版著作《美的分析》。他自幼便爱模仿各类人的行为并用画笔描绘下来。十六岁后的贺加斯喜欢将身边的人和事用幽默又带有现实主义的笔法画下来。后来贺加斯开设了一家店铺专为书籍刻制插图，同时绘制肖像。他在艺术史上的成就，是肖像画和历史画创作以及大量真实再现当时英国社会现实生活的铜版画插图。

图8-13选自贺加斯的铜版画系列《啤酒街》，艺术史上有评论家这样评论贺加斯：“他的设计和着色说不出什么优点……他不能构思出人类心灵

图8-13 《啤酒街》插图创作：贺加斯

中高尚真诚的情操，他只是以最令人厌恶的方式将严肃主题与讽刺滑稽糅合在一起。”（斯诺普《传记体美术史》）但仍有许多人承认贺加斯的伟大。被称为“英国绘画之父”的贺加斯，不仅终结了都铎王朝和斯图加特王朝由外国画家统治英国画坛的局面，且开创了幽默、诙谐、犀利的嘲讽当时政治和社会的风格，他也是欧洲连环漫画的先驱。

《时髦婚姻》是贺加斯最著名的代表作，共6幅铜版画，讲述了一个完整的故事（图8-14）。第一幅《婚姻契约》，破落的贵族青年与暴发户的女儿订婚。老伯爵傲慢地瞧着暴发户，面前却堆着暴发户的金币。两位主角却心不在焉，新郎不看新娘，新娘忙着和律师勾搭。证婚人似乎只关心窗外的建筑工地等无关的场景。墙上画中美杜莎头像俯视着这一切，暗喻着这场婚姻从开始就注定没有好结果。第二幅《蜜月之后》，刚度完蜜月，厅内狼藉一片，暗示昨晚来宾的疯狂。新娘在椅子上伸懒腰，而旁边小狗则扯出新郎口袋里的帽子，这表示他在新婚时仍外出寻花问柳。第三幅《查验》，年轻的伯爵带着小情人去探访医生，查验是否怀孕。小伯爵没有羞耻仍与旁边女人调情，与小情人的表情形成鲜明对比。桌上骷髅和室内摆设充满死亡和疾病的暗喻。第四幅《伯爵夫人的化妆室》，老伯爵去世后，儿子继承爵位，而新的伯爵夫人更加放荡不羁，她与律师的关系密切，而律师则邀她同去舞会。墙上还挂着提香、科雷乔的名画——都是描述希腊神话中的不伦之爱。第五幅《决斗》，于是伯爵夫人的偷情是顺理成章的，当律师与伯爵夫人约会在温泉酒店，伯爵赶来与之决斗，最后身亡。伯爵靠墙勉力支持，夫人则假惺惺乞求宽恕，而律师则翻窗而逃。第六幅《伯爵夫人之死》，律师杀人被判死刑，伯爵夫人服毒身亡，小女儿因失去母亲而哭闹，暴发户父亲从女儿手里扯下戒指，餐桌上，一条饿狗正偷吃盘中肉。画家警示世人，英国社会道德沦丧，已使人完全漠视最宝贵的东西。

贺加斯的这套铜版画作品，与传统的、以书籍为支撑的插图有很大的不同，它们是以插图为表现形式、文字做辅助说明，所有对场景与人物的说明，都在画面中详尽地表现出来。这与现代的绘本、插图本漫画类书籍十分相似。因此贺加斯的插图作品在当时也被划分到铜版画作品中，成为美术史上的里程碑，标志着近代欧洲漫画的形成。同时期贺加斯与其岳父詹姆斯·桑希尔（James Thornhill，国会议员，爵士，1724年创建了伦敦教育中心）合力促成了皇家美术学院的建立，为英国后来的艺术人才提供了更多的机会。

（a）婚姻契约

（b）蜜月之后

（c）查验

（d）伯爵夫人的化妆室

（e）决斗

（f）伯爵夫人之死

图8-14　创作组图　插图创作：贺加斯（引自《时髦婚姻》）

七、托马斯·格雷（Thomas Gray）的《墓园挽歌》中理查德·本特利（Richard Bentley）的插图

格雷是英国18世纪的重要诗人，也是英国新古典主义后期的重要诗人。格雷一生作诗不多，仅十余首传世，其中以《墓园挽歌》（1750年）最为著名。此诗创作长达8年之久，最初是为了哀悼他在伊顿公学读书时的好友理查德·韦斯特，诗末所附的墓志铭是为他所作。但全诗内容已明显超越了对某个具体人物的哀思，是通过对乡村一处墓地的描写，表达对下层默默无闻的人民的深切同情。这首诗充分体现了格雷的民主思想。由于贫困农民不能发挥自己的才能，不能成为弥尔顿这样的文学家，也不能成为克伦威尔那样的政治家，但他们同时也没有“傲慢”与“贪婪”，他们的品德与良知是自然本身，这样的思想和弥漫于全诗的感伤情绪，使《墓园挽歌》成为18世纪后期感伤主义诗歌的典范之作。这是一首有关人生短暂的沉思，格雷的名声也就建立在这首诗上。他和朋友以此类主题写了许多诗篇，故而被后人称为“墓园派”。

这幅插图（图8-15）作品被艺术家约翰·哈塞恩（John Harthan）在1981年的《书籍插图史》中高度评价为“18世纪最优美的插图书”，是英国书籍插图中洛可可风格的代表。创作此图的是艺术家本特利，而本特利1753年的为《格雷先生诗六首》绘制的插图，甚至被认为是“英国洛可可风格书籍插图的典范之作”。

图8-15　乡村景色　插图创作：本特利（引自《墓园挽歌》 作者：格雷）

八、《疯狂的罗兰》中的插图

说到中世纪的文学，有三部意大利作家的作品是一定要提到的，即但丁·阿利基耶里（Dante Alighieri）预示黑暗中世纪结束的《神曲》，乔万尼·薄伽丘宣布一个新时代的到来的《十日谈》，卢多维科·阿里奥斯托（Ludovico Ariosto）全面显示文艺复兴精神的《疯狂的罗兰》（也译为《疯狂的奥尔兰多》）。《疯狂的罗兰》是一部由中世纪和文艺复兴早期的史诗、传奇和英雄史中的情节演化而来的骑士史诗。在罗马帝国的查理曼大帝领导基督徒骑士与阿格拉曼特领导信奉伊斯兰教的东方穆斯林在法国和西班牙展开的战斗中，中国皇帝的女儿、美貌无比的安杰丽嘉被父亲派去瓦解对方军队的士气，查理曼大帝的十二武士之一罗兰深深爱上了安杰丽嘉，但因他一厢情愿，最终情痴而疯狂。战争与爱情构成了这长篇的拉丁文诗，全诗情节融合、行文简洁，坦然歌颂现实生活，立即在欧洲各地受到广泛的欢迎，被译成各国的文字，激发了许多艺术家为它创作插图。

第一次创作《疯狂的罗兰》插图的热潮是在16世纪，书籍刚出版的时候，如图8-16是图文结合的插图，表现布拉达曼泰战胜穆斯林最后一位猛

CANTO

Era quel uecchio ſi eſpedito, e ſnello,
Che per correr pareа, che foſſe nato:
E da quel monte il lembo del mantello
Portaua pien del nome altrui ſegnato.

Oue n'andaua; e perche facea quello,
Ne l'altro canto ui ſara narrato;
Se d'hauerne piacer ſegno farete
Con quella grata udienza, che ſolete,

IN QVESTO TRENTESIMO QVINTO LO AVTORE LEG...

CANTO TRENTESIMO QVINTO.

CHI SALIRA per me, Madonna in cielo
A RIPORTARNE il mio perduto ingegno?
Che poi, ch'uſci da bei uoſtri occhi il telo;
Che'l cor mi fiſſe; ognihor perdendo uegno.
Ne di tanta iattura mi querelo;
Pur, che non creſca, ma ſtia a queſto ſegno;
Ch'io dubito, ſe piu ſi ua ſcemando;
Di uenir tal, qual ho deſcritto Orlando.

Per rihauer l'ingegno mio m'e auiſo;
Che non biſogna, che per l'aria io poggi
Nel cerchio de la Luna, o in Paradiſo;
Che'l mio non credo, che tanto alto alloggi.
Ne bei uoſtri occhi, e nel ſereno uiſo,
Nel ſen d'auorio, e alabaſtrini poggi
Se ne ua errando; & io con queſte labbia
Lo corrò; ſe ui par, ch'io lo rihabbia.

Per gli ampli tetti andaua il Paladino
Tutte mirando le future uite;
Poi c'hebbe uiſto ſu'l fatal molino
Volgerſi quelle, ch'erano gia ordite.
E ſcorſe un uello; che piu, che d'or fino,
Splender parea; ne ſarian gemme trite
S'in filo ſi tiraſſero con arte
Da comparargli a la milleſima parte.

Mirabilmente il bel uello gli piacque,
Che tra infiniti paragon non hebbe;
E di ſaper alto deſio gli nacque,
Quando ſara tal uita, e a chi ſi debbe.
L'Euangeliſta nulla gli ne tacque;
Che uenti anni principio prima haurebbe
Che col M, e col D, foſſe notato
L'anno corrente dal Verbo incarnato.

图8-16　布拉达曼泰战胜罗多蒙特　插图创作：乔里托（引自《疯狂的罗兰》作者：阿里奥斯托）

第八章　洛可可时期的书籍插图

将罗多蒙特。而《疯狂的罗兰》在流行了一个时期之后有段时间遭到了冷落，直到18世纪，洛可可艺术风潮席卷欧洲的时候，许多艺术家又开始为《疯狂的罗兰》创作插图。图8-17是1772年威尼斯印行的彼得罗·安东尼奥·诺维里（Pietro Antonio Novilli）绘制插图的版本，图中表现罗兰使用长矛使海怪不能动弹，并将裸体的少女绑在礁石上。

诺维里是诗人、画家和蚀刻画家，为许多书籍创作过插图，他从1784年至1791年，在近八年时间出版《意大利诗选》，共计56卷，他创作了700多幅精美的扉页画和起头字母的章首花饰及精美的蔓叶花饰，该书受到当时许多读者的喜爱，除了诗篇的精美外，优秀的插图也功不可没。

图8-17　奥兰多用长矛使海怪不能动弹插图创作：诺维里（引自《疯狂的罗兰》作者：阿里奥斯托）

九、《和谐的居室》中的插图

意大利是音乐的故土，除了吟游诗人的歌曲和北方的牧歌，还有遍及世界的意大利歌剧。意大利音乐传统历史悠久，它在欧洲的表现登峰造极。图8-18是《和谐的居室》插图，此书是耶稣会士菲利普·波南尼（Filippo Bonanni）编的书，其中关于乐器的木刻插图十分精美，此书共有插图多达176幅，概括了从古希腊传说中穆斯之子俄尔普斯的里拉琴到中国人的铜锣等各个国家、各个时期的乐器。在绘制乐器的同时，也将演奏者的服饰尽可能精准地表现出来，这两幅插图分别是锣和大提琴，从对服饰的描绘中可以看出这是中国清朝的服饰与帽饰，因此这本书籍同时也会让更多的读者了解欧洲以外国家的民俗风情。

（a）锣

（b）大提琴

图8-18　乐器插图　插图创作：阿诺德·范·韦斯特霍特（Arnold van Westerhout）（引自《和谐的居室》作者：波南尼）

十、《少年维特之烦恼》《克拉丽莎》中丹尼尔·霍多维茨基（Daniel Chodowiecki）的插图

《少年维特之烦恼》是让作者歌德在法国几乎一夜成名的小说。此书在1774年秋天在莱比锡书籍展览会上面世，并成为畅销书，是歌德作品中被同时代读者阅读最多的一本，并给歌德带来一生的名誉和财富。小说中主人公维特的行为仅仅取决于他的感觉，是感伤主义的代表性人物。这是一本书信体小说，描写进步青年对当时鄙陋的法国社会的体验和感受，少年维特爱上了一个名叫绿蒂的姑娘，而姑娘已同别人订婚。爱情上的挫折使维特悲痛欲绝。之后维特又因同封建社会格格不入，感到前途无望而自杀。《少年维特之烦恼》的出版被认为是法国文学史上一件划时代的大事，曾震撼了法国及至欧洲整整一代青年的心，这本书同样受到当时艺术家们的喜爱，霍多维茨基为此书创作木刻插图。图8-19虽然没有出现自杀的死者，

图8-19　维特之死　插图创作：霍多维茨基（引自《少年维特之烦恼》作者：歌德）

但是以精致的刀法所刻画出的气势已经显示了这一点，可谓表现独特。

霍多维茨基是18世纪法国最优秀的版画家，深受法国艺术、美术和版画的影响，创造出一个全新的风格。他创作了许多历书插图，如《哥特式建筑中的年历》和《劳思堡历书》《格廷报历书》等历书插图。这些历书每12个月以法文和德文出版，霍多维茨基的插图增加了它们的销量。

历书的原型是装帧精美的小型祈祷书中附有的插图和年历书，原是在祈祷书中作为装饰使用。随着时间的推移，年历反而变成了一种带插图的历书和挂历，上面所配的插图内容也有所变化，主要是依据当时风行的星占术，让使用者按照历书中的说法来指导自己和全家每日的行为举止。为历书制作插图的都是非常出色的艺术家，他们怀着虔诚的信念从事这份工作，霍多维茨基是其中的一位。从个性气质上看，霍多维茨基本质上是伤感的人，热衷于浪漫伤感的题材。他在书籍插图上的代表作除了《少年维特之烦恼》，还有为英国小说家理查森作品所作的插图。

图8-20 洛夫莱斯对克拉丽莎进行诱骗 插图创作：霍多维茨基（引自《克拉丽莎》 作者：理查森）

理查森著名小说《克拉丽莎》是长篇书信体小说。主人公克拉丽莎是有钱人家的女儿，冷漠无情的父母强迫她嫁给俗不可耐的索尔姆斯。克拉丽莎执意不从，离家出走，后落入放荡情人洛夫莱斯的圈套，与他同居，遭受他的奸污，洛夫莱斯还使克拉丽莎被人诬告而在监狱中身心交瘁死去。她的表哥莫登上校同洛夫莱斯决斗并杀死洛夫莱斯，为克拉丽莎报了仇。作品抨击了贵族的利己主义，对妇女的婚姻问题寄予深切的同情，霍多维茨基创作的《克拉丽莎》插图（图8-20），表现的是洛夫莱斯对克拉丽莎进行诱骗的情景。这个题材也正是霍多维茨基擅长的浪漫感伤的题材。

第九章 浪漫主义时期的书籍插图

法国大革命后的欧洲，发生了巨大的变化。在1790年工业革命开始前后，欧洲的思潮与艺术遭到前所未有的冲击。浪漫主义注重以强烈的情感作为美学经验的来源，并且开始强调人在面对大自然的壮丽时表现出的敬畏。浪漫主义前身是新古典主义，为反对17世纪巴洛克艺术与18世纪洛可可艺术，主张恢复古希腊艺术高尚质朴和庄严肃穆的精髓，并以和谐、明朗、严谨、普遍性和理想主义传遍欧洲乃至整个世界。新古典主义后期发展成浪漫主义运动，影响到整个19世纪的艺术。浪漫主义受到了启蒙运动的理念影响，也吸收了中世纪文化复古的艺术成分。“浪漫”一词来自“romance”，代表了源于中世纪文学和浪漫文学里颂扬英雄的诗赋风格。随后，艺术又出现许多风格的分支，比如写实主义，又称现实主义，现实和实际而排斥理想主义的风格。写实主义摒弃理想化的想象，而主张细节观察事物的外表。又比如兴起于19世纪末的印象主义，又称“印象派”，是反对陈旧的古典画派和沉湎在中世纪骑士文学而陷入矫揉造作的浪漫主义，印象主义吸收了写实主义的营养，在19世纪现代科学技术的启发下，注重在绘画中对于光的研究和表现。

19世纪的欧洲艺术百花齐放，主流是浪漫主义的时期，有多种艺术形式并存。版画印刷插图作为艺术的一种形式，在技术发明的支撑下，融合了多种风格，得到了迅猛的发展。主要用于拓印的版刻印刷在19世纪60年代被大量运用在书本的印刷上，到了19世纪末，出现了彩色印刷的平版印刷术，还出现了照相排版的技术方式，一直沿用到今天。19世纪的书籍印刷用到以上各种技法，因此比以往任何一个时代都要活跃。

法国是欧洲艺术的发源地，开创了浪漫主义先河，无论是人文思潮还是艺术流派，这里的艺术家永远走在前列。“浪漫主义”具有多重含义。英国哲学家伯特兰·阿瑟·威廉·罗素（Bertrand Arthur William Russell）指出，浪漫主义最大的特点是“善感性”，并解释说：“这个词的意思是指容易触发感情的一种气质。”“与健康的古典主义相反，浪漫主义是病态的、感性的、非理性的。”但从书籍插图方面来看，浪漫主义的具体表现则是在插图中表达了对革命的热情，对情感的哀思等狂热的情感。

在文学中，浪漫主义作为出于个性的主观想象和非理性的情感共为一体的一种思想状态，它首先表现在法国的“狂飙突进”的时期，前章所说的歌德的小说《少年维特之烦恼》即开创欧洲浪漫主义风格文学的先河，而在插图作品表现中，则要推迟几年，才在各类作品中显示出来。

一、《浮士德》中欧仁·德拉克洛瓦（Eügèue Delacroix）的插图

《浮士德》是一部长达12111行的诗剧，第一部出版于1808年。该书是以浮士德思想的发展变化为线索，以德国民间传说为题材，以文艺复兴以来的法国和欧洲社会为背景，讲述一个新兴资产阶级先进知识分子不满现实、竭力探索人生意义和社会理想的生活道路，是一部现实主义和浪漫主义结合得十分完好的诗著。书中主要内容是魔鬼和上帝打了一个赌，而作为赌注的浮士德并不知此事，魔鬼引诱浮士德签署了一份协议，满足他生前的所有要求，但是将在浮士德死后拿走他的灵魂作为交换。书中体现了文艺复兴后的人们所追求的精神状态：生前当及时享乐，死后万事无忧。图9-1、图9-2这两幅均为《浮士德》的插图作品。图9-1描绘的是浮士德与魔鬼签订协议后，来到的第一个地方——酒吧，浮士德引诱少女玛格丽特，并要求魔鬼的帮助。而图9-2则展示的是《浮士德》在第21场的“瓦尔普吉斯之夜”（也称为魔鬼狂欢夜）中浮士德与魔鬼的对话。歌德甚至称赞在“有些场景的表达上，德拉克洛瓦先生比我自己想的还要好”，这也说明了艺术家准确地理解了作家的意图并用插图的形式表达出来。

图9-1 浮士德引诱玛格丽特插图创作：德拉克洛瓦（引自《浮士德》 作者：歌德）

图9-2 “瓦尔普吉斯之夜” 插图创作：德拉克洛瓦（引自《浮士德》 作者：歌德）

德拉克洛瓦出生于律师家庭，崇拜法国浪漫主义先驱让-雅克·卢梭（Jean-Jacques Rousseau），从小接受古典教育，深受友人英国画家理查德·帕克斯·波宁顿（Richard Parkes Bonington）、波兰钢琴家弗里德里克·弗朗索斯·肖邦（Frédéric François Chopin）和法国女作家乔治·桑（George Sand）等人的浪漫主义思想的影响，最后成为法国绘画的浪漫主义领袖。

德拉克洛瓦热衷于黑白版画和插图的创作。浪漫主义者通常喜爱通过浪漫主义文学和戏剧中富有传奇色彩的故事和有异国情调的轶事来表达自己的理想和抱负。而这也是在浪漫主义时期书籍插图特别繁荣的主要原因，许多艺术家都喜爱借由文学的内容在插图中表达个人倾向。

由于德拉克洛瓦对版画和插图的热爱，使他一生创作出多幅优秀的书籍插图作品。在超现实主义诗人拉尔·德·奈瓦尔（Gerard de Nerval）将歌德的《浮士德》译为法文出版后，德拉克洛瓦制作了17幅石版画插图，并参与了此书的装帧。呈献给法国文学部的《浮士德》法译插图本是被珍藏最多的版本。德拉克洛瓦也为书籍插图中浪漫主义风格开了先河，并对20世纪书籍插图与装帧产生了至关重要的影响。艺术史家指出：从德拉克洛瓦起，许多艺术家都开始在但丁、莎士比亚和拜伦的作品中选取题材，进行插图的创作。艺术家认识到文学的力量，并将其与绘画结合起来，使文学更强大，使艺术更鲜明。

二、奥诺雷·德·巴尔扎克（Honoré de Balzac）的《驴皮记》中保罗·加瓦尔尼（Paul Gavani）的插图

巴尔扎克是法国小说家，被称为现代法国小说之父。他出生于法国中部图尔城的一个中产家庭，1816年进入法律学校学习。毕业后不顾父母反对，毅然走上文学创作道路。1829年，巴尔扎克发表长篇小说《朱安党人》，迈出了现实主义创作的第一步。1831年出版的《驴皮记》使他名声大振。巴尔扎克一生创作了91部小说，合称《人间喜剧》。《驴皮记》是巴尔扎克发表的第一部长篇哲理小说，小说别出心裁地用一张驴皮来象征人的欲望和生命的矛盾，并借此概括他的生活、经验和哲理思考。贵族出身的瓦朗坦破产后投身到社交场所，落得穷途末路。他准备投水自

图9-3　内页插图　插图
创作：加瓦尔尼
（引自《驴皮记》
作者：巴尔扎克）

杀时，一个古董商给了他一张神奇的驴皮，这张驴皮能实现他的任何愿望。但愿望一经实现，驴皮将会缩小，生命也会缩短，瓦朗坦在实现愿望后，望着缩小的驴皮，陷入恐慌与痛苦之中。图9-3是由艺术家加尔瓦尼为巴尔扎克的《驴皮记》创作的插图，这系列插图获得很大的成功。艺术史学家曾评论其“充满了浪漫主义情调，有力地表现出小说的中心思想——复仇的欲望”。加瓦尔尼的这些作品，完全与巴尔扎克的作品融合在一起。

加瓦尔尼是法国19世纪40年代兴起的木刻浪潮中涌现出的书籍插图艺术家中成就显著的一位。他最初大约是1831年在《时尚》杂志上发表石版画而闻名，插图题材多为日常人们的生活，舞厅中的绅士、优雅的夫人、旋转的舞姿、楚楚动人的姿态，至今许多读者仍为这些插图着迷。1837年，加瓦尔尼来到伦敦，深入观察市民的生活，创作出更多的插图作品。除了为巴尔扎克的作品创作的插图外，加瓦尔尼还为其他作品创作插图（图9-4），如1845年出版的巴尔扎克、乔治·桑等描写巴黎和巴黎人的《魔王到巴黎》。

图9-4　内页插图　插图创作：加瓦尔尼（引自《魔王到巴黎》作者：巴尔扎克、乔治·桑等）

三、《动物的公开和私下生活》中格兰维尔（Granville）的插图

《动物的公开和私下生活》是将格兰维尔1840~1842年连续发表的短文插图制作出版的合集。书中内容为法国知名作家巴尔扎克、德·穆塞、于勒等人所写的短篇故事。书中都是对政治和生活的讽刺，一个总体的线索是动物们感到自己受到了虐待，认为人们错待了它们，便在巴黎动物园里的植物园里聚集开会，分别发表意见，而动物的形象也常指代某政党和某种类型的人。此书在今日看来也很有艺术价值。而书中插图是以拟人化的形体表现，表达出不同人种的思想，图9-5中格兰维尔创作的那头"巴黎的狮子"讽刺政党的首领，仍然具有深刻的现实意义。

格兰维尔自认为是欧洲超现实主义的先驱，艺术史学家们却认为应该称他为荒诞派和超现实主义插图创作的创始人。后期许多拟人化动物造型设计，如《爱丽丝漫游仙境》中的许多角色造型，其原型即是格兰维尔创作作品的大脑袋人物形象和兽面人身的动物形象。格兰维尔将动物形象与

图9–5　巴黎的狮子　插图创作：格兰维尔（引自《动物的公开和私下生活》 作者：巴尔扎克）

人类动作行为完美结合，以超越人们认知的新的形象去讲述更奇幻的故事。格兰维尔是法国浪漫主义时期最具有创造性的一位插图艺术家。

格兰维尔最初跟随父亲学画，21岁到巴黎，为当时激进杂志《喧哗》《讽刺》等撰稿。他的版画插图主题多为讽刺世俗的人情冷暖，有的讲述了社会的阴暗面，有的讲述了人生的喜怒哀乐，富有浪漫主义情趣，大部分以动物的变形来表现人间的故事。他创作的不论是政治讽刺画，还是文学作品的插图，都受到读者广泛的欢迎。

除了上述格兰维尔的作品集《动物的公开和私下生活》，他另一部奇妙的作品是1829年出版的《白日的变幻》和1844年出版的《另一个世界》。《白日的变幻》以动物的变幻来调侃社会上的世俗反态，如描写一些彬彬有礼的鱼类贵族登上鱼骨做的马车，画的是动物的活动，但是以人类夸张讽刺的形态表现，读者们看到的则是人世的生活。《另一个世界》则是作者浓厚的童心和丰富想象力的升华。图9–6是书中“芭蕾的音乐”，插图中餐具跳着芭蕾舞，手套拍手，酒杯排成队，这样的场景在后来很多插图作品中出现过多次，被其他的艺术家模仿，成为奇幻主义插图的前身。

图9-6　芭蕾的音乐插图创作：格兰维尔（引自《另一个世界》）

四、《罗贝尔·马卡尔》中奥诺瑞·杜米埃（Honoré Daumier）的插图

《罗贝尔·马卡尔》由莫里斯·阿洛（Maurice Alhouy）和路易·华特（Louis Huart）撰文，1836年8月开始连载，1840年在巴黎出版。书中的罗贝尔·马卡尔是资产阶级代表人物，他在书中扮演各种角色，医生、律师、药剂师、银行家、新闻记者、圣经推销员和各类官员；他到处招摇撞骗、敲诈勒索，集中了七月王朝那些大人物的卑劣特性。图9-7即是艺术家杜米埃为该书所做的插图，插图中人物滑稽的表情被生动地表现出来。这本书出版后，得到了读者的热烈欢迎，人们甚至用“马卡尔主义”来称呼生活中类似图中人物的行为。

插图艺术家杜米埃，生于马赛，父亲和祖父都创作装饰画，教父也是画家。他内心喜爱绘画，1825年进入一家石版画印刷所做艺徒，较早地接触到插图印刷的技巧和优秀的插图作品。他闲暇时就研究创作儿童读物的

图9-7　内页插图　插图创作：杜米埃（引自《罗贝尔·马卡尔》　作者：莫里斯、路易）

插图，为顾客画肖像。在这期间，他认识了讽刺插图艺术家、自由主义的新闻记者、当时法国教育颇有影响的《讽刺》《喧哗》等先进刊物的创办人夏尔·菲利蓬（Charles Philippe）。杜米埃在艺术作品成熟后，开始在这些杂志上发表插图作品。

1830年，法国查理十四公布了关于解散下议院、取消出版自由、修改选举法的法令，不但使贫困百姓丧失了选举权，还剥夺了新闻言论的自由，于是巴黎的工人罢工和学生一起游行，并与军队发生了冲突。冲突结束后，查理十四逃至英国，法国奥尔良公爵路易·菲力普登上王位，成立了君主立宪政权。杜米埃参加了革命活动，深刻体会到君主立宪制度在本质上并没有改善人民的生活，他绘制了一系列插图作品，讽刺新国王在“共和国的羊”身上剪羊毛，也讽刺他像食量巨大的“巨人”，面前是饥饿的人民，正通过议会把钱财送到他的口中。

杜米埃的作品充满了浓浓的讽刺意味。他的大量讽刺作品可称为“没落集体形象的辞典”。杜米埃前期作品大多为石版画，到40岁时他的油画仍如同讽刺插图一样，造型不求形似，只注重色块与形体的“神肖”。他往往以棕色和粉色为基调，从文学名著和生活中选择表现题材，以批判的艺术眼光审视自己所创造的形象。拿破仑三世为笼络人心，曾授予他“荣誉勋章”，却被杜米埃拒绝。杜米埃始终是位不屈的为正义奋斗一生的伟大现实主义大师。图9-8是杜米埃为巴尔扎克的《婚姻生理学》做的插图。《婚姻生理学》是巴尔扎克《人间喜剧》的第23卷。此书内容主要研究婚姻和性，讲述男女在婚后的相处之道，通过举例和利用统计学，又如论文般列出数小点，不同情况出现该如何面对，等等，内容详尽得如同百科全书。该书是站在男性立场上所写的，认为女性是男性的附属物，男子为更好地控制妻子，应巧妙地将她禁锢在家中，而又使她浑然不觉，甚至乐在其中，文中说：“女人结婚后就变成奴隶，但你要懂得使她成为王后。”巴尔扎克的幽默小说与杜米埃的讽刺画结合在一起，在当时的背景下意识形态堪称完美。

图9-8　内页插图　插图创作：杜米埃（引自《婚姻生理学》作者：巴尔扎克）

五、但丁的《神曲》中保罗·古斯塔夫·多雷（Paul Gustave Dore）的插图

1861年出版的《神曲》中的插图（图9–9）由著名艺术家多雷创作。多雷是插图艺术中的世界级大师，为拉伯雷、但丁、巴尔扎克等伟大作家的作品所做的插图使他一举成名。他一生制作了4000多种版本、10多万金属版和木版插图作品。他的插图作品成为插图界无法超越的巅峰。他主导的插图工作室在19世纪后半叶几乎左右了整个插图版画工业，在他短暂的51年的生活中，有过无数辉煌的作品。

图9–9　内页插图　插图创作：多雷（引自《神曲》 作者：但丁）

多雷的作品多是黑白两色。他的作品充实饱满、层次分明、质感强烈。用极细的线条绘制出物象的表面和体块。多雷是菲利蓬的《讽刺》和《喧哗》杂志的固定撰稿人，后成为文学作品插图艺术家。年轻的他成为法国创作量最高的插图画家，他本人也是有史以来最多产、最流行的插图画家。他的插图作品中译本在国内广泛流行。

六、威廉·库姆（William Combe）的《英国死亡之舞》《生命之舞》中托马斯·罗兰森（Thomas Rowlandson）的插图

图9-10是英国作家威廉·库姆撰文，罗兰森绘制插图，于1815~1817年出版的著名作品《英国的死亡之舞》。而图9-11则是同时由两人合作的《生命之舞》。《英国的死亡之舞》中死神以骷髅的形象出现，手中拿着代表时间的沙漏和代表死亡的箭矢，四周是奔跑躲避的人群，身旁则是跌倒而充满恐惧的人们，面部神态各异，肢体动作夸张。而《生命之

图9-10　内页插图　插图创作：罗兰森（引自《英国的死亡之舞》 作者：库姆）

图9-11　内页插图　插图创作：罗兰森（引自《生命之舞》 作者：库姆）

舞》则正好相反，鲜明的对比，旗帜飞扬，人们簇拥着宝座上的人，因为他应该是人们选举出来的领袖，谦逊地抬起帽子，大家欢歌笑语，左下角画面中还有拥抱起舞的人们，这与上一幅插图中描绘的画面产生极大的反差。

罗兰森出生在英国城市化进程加快的年代，人口的暴涨带来更多的需求，罗兰森在这个时代是以书籍插图家而被铭记的。他10岁之前便精通绘画，后曾在伊顿公学和皇家学院就读。1777年，罗兰森以肖像画画家的身份在伦敦沃多尔街开设了一家画室。但他本人沉迷于赌博，输掉大部分遗产后，他只能通过卖画来偿还债务。他的画以讽刺滑稽的写实手法表现大众和下层人物生活主题，刻画出大众熟悉的社会典型人物形象，其中有古董商、老处女、酒吧招待、寒酸诗人等。有的造作、有的可笑，形象各异，令读者产生共鸣。

罗兰森的主要成就，除了创作大量的政治性和抨击人类弱点的漫画外，还为许多作家制作书籍插图。他通常使用芦苇笔勾出轮廓，着以淡彩，并亲自制成蚀刻铜版画，再用凹版腐蚀制版法复制，最后手工着色插图。罗兰森的作品在艺术上和书籍插图史上有着相当的地位。1808年起，罗兰森与天才平版印刷画家鲁道夫·阿克曼（Rudolph Ackerman）合作，出版一系列彩色插图本，其中三卷本的《伦敦缩影》使用凹版腐蚀制版、手工着色的插图共104幅。罗兰森主要承担人物造型的刻制，而鲁道夫则负责建筑造型。由于罗兰森的《伦敦缩影》（图9-12）真实地描绘了伦敦的建筑和英国人的生活面貌，以致著名英国作家奥德斯特·希特维尔评价："即使英格兰岛有一天会沉没，但只要罗兰森的插图得以幸免，重建英格兰也就简单了。"

图9-12　内页插图　插图创作：罗兰森、鲁道夫（引自《伦敦缩影》）

七、查尔斯·狄更斯（Charles Dickens）的《匹克威克外传》中乔治·克鲁克香克（George Cruikshank）的插图

狄更斯是英国著名小说家，10岁全家迁入负债者监狱，为还债11岁承担起繁重的劳动，曾担任缮写员和报社采访记者。他未曾接受过什么教育，仅靠自学成为知名作家。狄更斯是19世纪英国现实主义文学的主要代表，以幽默、细致入微的心理分析以及现实主义描写与浪漫主义气氛在文中的有机结合著称。《匹克威克外传》是狄更斯的第一部长篇小说，写老绅士匹克威克一行五人到英国各地漫游的故事。小说情节以匹克威克等人在旅途的见闻和遭遇展开，一些故事虽然有相对的独立性，但内容仍是联系起来，散而不乱，书中还以喜剧的手法对法官、律师、法庭、监狱、议会、选举等作了深刻的揭露和无情的嘲讽。《匹克威克外传》在英国文学史上最主要的贡献是最早以当代现实生活为创作素材，并把平民当作小说的主人公。小说描写了当时社会生活的各种场景，包括所有阶层的人物。图9-13、

图9-13　内页插图　插图创作：菲兹（引自《匹克威克外传》作者：狄更斯）

图9-14分别为两位艺术家为《匹克威克外传》创作的插图，第一幅插图的创作者是菲兹（Phiz），菲兹是狄更斯朋友哈布罗特·奈特·布朗（Hablot Knight Browne）的笔名。这其中还有一个小插曲，狄更斯未成名前曾为当时知名连环画家罗伯特·西摩（Robert Seymour）的插图配文，而狄更斯成名后出版的书籍请求西摩为其配插图时，西摩不堪其辱为一个初出茅庐的作家配图，悲愤不已，断然拒绝，当时的狄更斯则邀请了菲兹为其文学作品配图。菲兹很了解狄更斯作品的神韵，在作品中恰到好处地表现人物诙谐与趣味性。菲兹的作品，线条柔和，层次分明，带有强烈的浪漫主义气息。他后来为狄更斯的许多作品都做过插图，如《大卫·科波菲尔》《荒凉山庄》等。但在同期所有为狄更斯作品配图的插图家中，最知名的还应是克鲁克香克。克鲁克香克生于伦敦，在艺术上深受罗兰森的影响，描绘的动物与人物都很有特色。1811~1816年，其在当时的先锋杂志上发表多幅漫画，抨击皇族和英国外交大臣卡斯尔雷和首相西德默斯等政治家。1820年，克鲁克香克开始集中为书籍绘制插图。除了为本国作家的作品做插图

图9-14 内页插图 插图创作：克鲁克香克（引自《匹克威克外传》作者：狄更斯）

外，他还为西班牙塞万提斯的小说和法国格林兄弟的童话做插图。克鲁克香克的插图在欧洲其他国家，已有了一定的知名度。他的书籍插图中最著名的是为狄更斯文学作品所做的插图，克鲁克香克的插图作品，画面线条流畅，众多人物表现出不同的神态，细节处理清晰，偏爱用各类画面中的局部体现当时真实的社会。克鲁克香克为狄更斯的作品《奥利弗》所创作的24幅插图，被认为是当代难得的优秀作品（图9–15）。读者们认为书中形象就应该是这样的，无人能做得更详尽。这也说明克鲁克香克的作品得到了社会的认同。

图9–15　内页插图　插图创作：克鲁克香克（引自《奥利弗》 作者：狄更斯）

八、期刊《伦敦新闻画报》中的插图

19世纪30年代开始，以维多利亚女王为标志的“维多利亚时代”代表着一个世纪繁荣的英国。英国通过新发展成为城镇化的国家，城市的人口飞速增长，新的生活方式带来更多新的事物。随着戏剧、歌剧、舞蹈的普及，文化产业形式也初现雏形。为了满足人们的各种需求，除普通时事报纸外，一类依靠视觉形象而吸引读者的杂志涌现出来。1842年英国政府创办的新闻与艺术画刊，即《伦敦新闻画报》，以一种全新的形式进入人们的生活中。最初为周刊，后改成月刊及双月刊，2003年才停办。《伦敦新闻画报》广泛使用木刻和版画，是伦敦及英国第一份采用插图的刊物，1912年开始采用轮转凹版印刷加大印刷量。画报起初着重于报道英国社会生活，后来版面不断扩大，涉及社会新闻与文化。在1937年10月到1938年1月更开辟了“抗战现场”，不断出现中国抗日战争的报道。画报在当时被认为是一份影响很大、最具有趣味的杂志型报纸。图9-16是当时《伦敦新闻画报》的封面。同一时期还有其他有影响力的杂志，图9-17是《便士杂志》

图9-16 《伦敦新闻画报》封面

THE PENNY MAGAZINE

图9-17 《便士杂志》内页

内页，1932年该杂志创刊，由“实用知识传布协会”主办，是大众化画报，刊登来自英国各地的文章，并配以美妙的插图。

九、《娱乐版天方夜谭》中亚瑟·博伊德·霍顿（Arthur Boyd Houghton）的插图

在这个娱乐与经济迅速发展的时代，带有插图的杂志期刊越来越受到人们的欢迎。《娱乐版天方夜谭》参照《天方夜谭》的故事形式，但没有教诲的动机，只是让读者看了觉得有趣。霍顿为其创作了全本插图，其中的一幅插图《美丽的奴隶》（图9-18），画面线条优美，人物造型饱满，构图

图9-18　美丽的奴隶 插图创作：霍顿（引自《娱乐版天方夜谭》）

简洁。插图风格更倾向于抒发情绪，而不仅仅是文学的辅助说明，这表明在这一时期的插图作品中，形式美感与情感的传递也逐渐占重要地位。

霍顿1836年出生于印度马德拉斯，1875年于英国伦敦去世，只活了不到40岁。在当时，霍顿算得上是一位知名的插图艺术家。他经常怀有一种特殊的情感，以拉斐尔前派的风格来创作，使黑白画面具有戏剧效果。由于生长经历的与众不同，他的插图中总有浓浓的异域风情，他对于东方情调的把握，表现在服饰细节、道具和人物形态上，使插图更有个人风格和特点。这里摘选了他的两张插图作品（图9-19），从中可以体会到细腻的线条处理，生动的人物形态，与众不同的服饰表现，这使作品带有鲜明的霍顿的印记。

图9-19　霍顿创作的具有异域风情的插图

十、《鸽房旁》中乔治·约翰·平韦尔（George John Pinwell）的插图

《鸽房旁》是英国女诗人简·英格罗（Jean Ingelow）的诗作，此诗作现存资料不多，但从图9-20中仍然可以看出，对于英国乡村生活的描绘及当时英国本土风情的表现。插图以简洁清晰的线条，层次分明，给读者一种愉悦的视觉享受，这使插图具有更高的艺术价值。

平韦尔于1863年进入伦敦达尔齐尔版刻公司，平韦尔的插图手法趋向于写实，他为《笨拙》《周刊》《老实话》等刊物画插图，还有达尔齐尔版的《天方夜谭》《歌尔德斯密斯集》和《历史和传奇歌谣》等。

图9-20　内页插图　插图创作：平韦尔（引自《鸽房旁》　作者：简·英格罗）

十一、《在窗下》中凯特·格里纳韦（Kate Greenaway）的插图

19世纪英国儿童书籍插图成为当时读者欢迎的艺术形式，并形成独特的英国儿童书籍插图的黄金时代。这个时期英国出现了一些卓越的儿童书籍插图画家，使配有漂亮插图的书籍成为当时及后来儿童书籍的主要特点。

《在窗下》是格里纳韦于1879年出版的彩色插图书，书中记录的是格里纳韦本人写的诗歌与童谣。整本书以黄与绿两色为基调，版式形式感强。留白部分灵活运用，使整本书呈现活泼可爱的气氛（图9-21）。

图9-21

UNDER THE WINDOW

PICTURES & RHYMES
for Children
by
KATE GREENAWAY

Engraved & Printed
by
EDMUND · EVANS.

LONDON:
GEORGE ROUTLEDGE & SONS,
BROADWAY, LUDGATE HILL.
NEW YORK: 416, BROOME STREET.

图9-21 封面插图和内页插图 插图创作：格里纳韦（引自《在窗下》作者：格里纳韦）

格里纳韦是英国维多利亚时代最贴近儿童心灵的艺术家之一，世界著名的“凯特·格里纳韦奖”就是为纪念她而在1955年设立的。格里纳韦的画风优雅纯美，无数孩子都是在她的儿童书籍陪伴下成长的，她笔下戴着系丝带的礼帽、穿着蓬蓬裙的孩子，似乎都散发出往昔玫瑰园般的清新。她绘制的插图反映了英国当时乡村的风貌，童年的幻想和孩童对成人的模仿。书中孩子们的衣着打扮在当时还一度掀起了一股童装新潮（图9-22）。

图9-22　格里纳韦的插图作品

十二、《青蛙王子》中瓦尔特·克兰（Walter Crane）的插图

《青蛙王子》是《格林童话》中流传较广的故事,《格林童话》原名《儿童与家庭童话集》，是法国著名语言学家雅格·格林（Jacob Grimm）和威廉·格林（Wilhelm Grimm）兄弟收集、整理、加工完成的德国民间文学，首版出版于1812年，全书共收录了童话200余则。《格林童话》是世界童话的经典之作，自问世以来，被全世界读者所喜爱。格林兄弟以其丰富的想象、优美的语言给孩子们讲述了神奇而又浪漫的童话故事。《格林童话》由于其故事的浪漫情节和唯美描述，被众多插图大师制作出彩色插图故事本出版，成为儿童文学的独特形式。

如图9-23所示，此套《青蛙王子》的插图色彩艳丽，画面装饰感强，

（a）公主和青蛙王子在水旁相遇

（b）青蛙王子要求进入公主的卧室

（c）青蛙王子与公主一同进餐

（d）青蛙王子被公主吻过后变成一个真正的王子

图9-23　内页插图　插图创作：克兰（引自《青蛙王子》 作者：格林兄弟）

其创作者是英国的儿童插图大师瓦尔特·克兰。克兰生于绘画之家，但他的成名却是在他为书籍创作插图之后。1866年彩画印刷商兼画家埃文斯出版儿童丛书，克兰受邀为其创作插图，这套以《青蛙王子》为首的《格林童话》系列丛书非常精美，美丽的插图童话书受到广泛的欢迎。从那时起，克兰就一直从事儿童书籍插图的创作。克兰的插图以想象力丰富闻名，据资料统计，他一生画了140多本插图故事，包括莎士比亚的《温莎的风流娘们》、《天方夜谭》中的《阿里巴巴和四十大盗》、《格林童话》等，还有为同时期诗人埃德蒙·斯宾塞（Edmund Spenser）的《仙后》和《牧人月历》所创作的插图。克兰的画除了呈现最深厚的艺术功底外，还表现出日本版画的艺术风格。他的创作带有独特的风格，其作品中大量出现拟人化处理，如图9-24～图9-26所示。

图9-24 各类花仙子插图 插图创作：克兰（引自《花的节日》）

图9-25　内页插图　插图创作：克兰（引自《女王的夏天》）

图9-26 不同生活场景的插图 插图创作：克兰（引自《月份牌》）

十三、西西莉·玛丽·巴克（Cicely Mary Barker）和她的花仙子们

玛丽·巴克是英国著名的女画家，她笔下的花仙子们让无数人为之倾倒。玛丽·巴克出生于英国伦敦近郊，儿时的她因为身体原因无法上学，只能在家接受教育，并通过阅读和绘画消磨大部分时间。童年的她非常喜欢凯特·格里纳韦插图中的仙后和精灵们，这对她成长后的插图作品有着极大的影响。

15岁的玛丽·巴克的作品登上了报刊。在詹姆斯·马修·巴利（James Matthew Barrie）小说改编的戏剧《彼得·潘》上演后，玛丽·巴克的花仙子系列一时备受喜爱。1923年，玛丽·巴克的花仙子系列作品正式出版，其中包括春夏秋冬系列、树和花园系列等（图9–27）。同时她也开始了字母表的创作，每个字母对应一个花仙，孩子们因此爱上了字母表，这也是玛丽·巴克创作的动力。她的花仙子们用明亮的色彩、欢乐的氛围治愈了全世界受到战争伤害的儿童们，给予每个孩子希望与憧憬。直到现在，全世界还在使用这些花仙子的梦境，器皿、装饰物，花仙子们永远照亮着儿童们。

图9-27　花仙子系列　插图创作：玛丽·巴克

十四、《爱丽丝漫游仙境》中约翰·坦尼尔（John Tenniel）的插图

《爱丽丝漫游仙境》被公认为世界儿童文学经典的童话，由于其中丰富的想象力和种种隐喻，不但深受各时代儿童欢迎，也被视为一部严肃的文学作品。故事讲述了爱丽丝追逐兔子时掉进兔子洞，从而开始了漫长而惊险的旅程，直到最后与扑克牌王后、国王发生顶撞，才从梦中醒来。这部童话以神奇的幻想、风趣的幽默、昂然的诗情，突破了西欧传统儿童文学传道说教的刻板公式，被翻译成多种文字，流行于全世界。

作者刘易斯·卡罗尔（Lewis Carroll），当时在牛津大学任数学讲师。他有严重口吃，不善与人交往，但他兴趣广泛，对小说、诗歌、逻辑都颇有造诣。《爱丽丝漫游仙境》是他兴致所至，为友人的女儿爱丽丝所讲的故事，并附上他亲自手绘的37幅插图手稿。

1865年，卡罗尔出版了此书，并与坦尼尔合作，绘制书中的插图部分。坦尼尔也借由此书，获得了更多的荣誉。坦尼尔生于一个舞蹈教师的家庭，16岁自行学画，17岁作品被展出，25岁即开始为英国上议院休息厅创作壁画。1850年，坦尼尔成为《笨拙》期刊的漫画家，专画每期的政治专栏。坦尼尔还为《伊索寓言》、狄更斯的《圣诞颂歌》等书创作插图。坦尼尔最成功的插图作品，即这本《爱丽丝漫游仙境》，他的插图真实反映了作者卡罗尔的意图，成为书籍不可分割的部分。在每本再版的《爱丽丝漫游仙境》中，都有坦尼尔在原版插图中的形象，如双胞兄弟、黑桃皇后、纸牌人等，甚至在影视作品的原型中都出现了坦尼尔插图的影子。图9-28

（a）爱丽丝和兔子一起喝下午茶

（b）爱丽丝偶遇双胞胎兄弟

图9-28　内页插图　插图创作：坦尼尔（引自《爱丽丝漫游仙境》　作者：卡罗尔）

即是坦尼尔所创作的插图，与卡罗尔的故事情节契合严密，增加了故事的趣味性，此书为他在儿童文学插图创作中的地位奠定了基础。

十五、《莎乐美》中奥布里·比尔兹利（Aubrey Beardsley）的插图

公元1世纪的莎乐美是希律·希罗底的女儿，希罗底后来嫁给丈夫的异母兄弟加利利分封王希律·安提帕，于是莎乐美又成为安提帕的继女。《圣经·新约》仅两处提到莎乐美的名字，但《新约·全书》对她的记载较为详细。安提帕娶异母兄弟的妻子，受到圣约翰的指责，安提帕将圣约翰关起来，莎乐美受其母亲的唆使，在一次舞蹈的奖赏中，要求安提帕砍下圣约翰的头。

1893年，著名的唯美主义的主要代表、爱尔兰诗人、剧作家奥斯卡·王尔德（Oscar Wilde）根据这个故事，改编了一些情节，用法文写了独幕剧《莎乐美》。此剧表现莎乐美深爱着圣约翰，但因得不到他的爱，便设法杀死了他。剧中结尾莎乐美捧着圣约翰的头放上银盘，吻着冰冷的唇，喃喃自语，对应作者剧本卷头语所写“爱的神秘大于死的神秘”。

《莎乐美》由剧作家朋友道格拉斯翻译成英文出版，罗比·罗斯（Robbie Ross）介绍画家比尔兹利为这部剧作插图。王尔德的《莎乐美》既有深重的自然主义细节，又有强烈的神秘主义倾向，对语言的运用还表现出作家对装饰风格所特有的偏爱。如图9–29所示，比尔兹利在《莎乐美》创作的插图中，运用他惯常的风格，以黑白衬底，细长直线构图，融入装饰性图案，极尽残酷、恐怖与性爱的主题，并特别要表现出原作病态情绪的格调和装饰风格。

比尔兹利作为世纪末情调的代表者、现代艺术的源头之一，年仅26岁便逝世的天才画家，受到了高度评价。“生命虽然如此短促，却没有一个创作黑白画的艺术家，获得比他更为普遍的名誉”。比尔兹利一生热爱艺术，1891年与拉斐尔前派艺术家爱德华·伯恩·琼斯爵士（Sir Edward Burne Jones）结识，使他得到在威斯敏斯特艺术学校夜校学习三个月的机会，而这是他接受的唯一的专业训练。1892年，他为英国作家托马斯的《亚瑟王之死》创作插图，这套插图带有希腊瓶绘、日本浮世绘和法国洛可可的风格，给人留下深刻的印象。比尔兹利后来还为同期许多作家的精彩书籍创作插图，也被艺术

（a）莎乐美亲吻银盘中圣约翰的头

（b）希罗底唆使莎乐美向安提帕索要奖赏

图9–29　剧情插图　插图创作：比尔兹利（引自《莎乐美》 作者：王尔德）

史家称为“新兴的艺术插图画家”。他精心雕琢的优美线条、强烈对比的黑白色块、凶恶美艳的致命女性、怪诞诡异的梦魇世界都对当时的艺术风格造成了深远的影响。英国著名艺术批评家丹尼斯·法尔（Denis Faul）称他是19世纪后期欧洲“新兴艺术中最重要和最有影响的绘画艺术家之一”。

十六、《腓特烈大帝传》中阿道夫·冯·门采尔（Adolpyh von Menzel）的插图

普鲁士第三代国王腓特烈大帝，即腓特烈二世（Friedrich II），1740年即位，实行开明君主制，1756年发动对法、俄和奥地利等国的七年战争。他靠坚韧和运气，使得普鲁士幸存下来，并于1772年参与瓜分波兰领土，获得西普鲁士。1785年恩格斯称他“建立了历史上无与伦比的骑兵”，他的军队是“欧洲模范的军队”。图9-30是《腓特烈大帝传》的插图，创作者为门采尔。腓特烈大帝对于普鲁士，是有传奇色彩的，图中的这位帝王是一位非常喜爱艺术的和蔼可亲的人物，该插图描绘他在波茨坦著名的洛可可式建筑桑苏西宫接见大音乐家约翰·塞巴斯蒂安·巴赫（Johann Sebastian Bach）时吹长笛的场面。

图9-30 腓特烈大帝吹长笛 插图创作：门采尔（引自《腓特烈大帝传》）

门采尔1815年生于普鲁士，他在父亲的石板画室自学，并成为著名的艺术家。1853年门采尔被选入皇家艺术院并成为教授，他受到皇室的器重，并创作了许多宫廷历史画，以表现腓特烈大帝的宫廷历史画而成名。门采尔怀着浓重的民族主义情绪，为宫廷创作的作品饱含爱国情感。他的著名插图作品是讲述腓特烈大帝统治时期的《腓特烈大帝传》。他以18世纪末才出现的浪漫主义眼光来塑造大帝的光辉形象。书中的插图无论是战斗中的场景、部队的进军、士兵的宿营都表现得极富戏剧性，烘托腓特烈大帝的伟大，响应当时在普鲁士地区不断上升的爱国主义情绪。

在创作的15年中，门采尔共绘制出了600多幅彩色平版画，另一部值得介绍的著名插图是他根据歌德同名作品而绘制的《艺术家的人生历程》（图9-31）。

图9-31　内页插图　插图创作：门采尔（引自《艺术家的人生历程》）

十七、《德国民间叙事诗》中路德维希·里希特（Ludwig Richter）的插图

《德国民间故事》是德国16世纪民歌、童话并列的一种民间文学体裁，故事素材来源于中世纪末期民间传说和童话故事。16世纪是民间故事书发展的高潮，但在后来有段时间又不被重视，直到18世纪高特霍德·埃夫拉姆·莱辛（Gothold Ephraim Lesing）、约翰·戈特弗里德·赫尔德（Johann Gottfried Herder）和歌德才又肯定了民间故事书的意义。19世纪许多浪漫主义作家大力提倡民间故事书，早期的民间故事书仅仅是给贵族消遣取乐，16世纪之后主要读者是市民阶级。在这些民间故事中，比较出名的是《德国民间童话》和《德国民间叙事诗》，这些书的插图作者主要是以里希特为首的一批杜塞多夫和德累斯顿学派的艺术家。

里希特是19世纪德国最为读者喜爱的艺术家之一。1820年，他随俄国亲王访问斯拉特斯堡和米迪，随后又游览了罗马与那不勒斯。里希特积累大量的素材，并创作出德国风景和人物作品。在插图创作中，他深受18世纪版画家霍多维茨基的影响。艺术家评论他的插图如格林兄弟的童话，非常朴素和自然、亲切，最富德国的特点，他创作的插图大量地表现了德国的风格。图9-32是《德国民间叙事诗》中的插图《真诚的爱》《没有回报的爱》，讲述的都是中世纪骑士对贵妇人的精神上的不求回报的爱。

里希特的插图作品，时至今日已被视作艺术之林中盛放的花朵，在拍卖会上拍出高价。里希特的作品真实地还原了19世纪德国的社会景象，为那些想了解19世纪德国是如何成为中欧具有先进工业与强大军事力量的国家的人们，提供了可查询的佐证。

（a）真诚的爱

（b）没有回报的爱

图9-32　内页插图　插图创作：里希特（引自《德国民间叙事诗》）

十八、《尼伯龙根之歌》中的插图

《尼伯龙根之歌》的作者不详，大约创作于1190~1200年，是著名的中世纪中古高地德语叙事诗，全诗共39歌，讲述的是古代勃艮第国王的故事。作者融合了很多异教的故事题材和源自5世纪的口头英雄传说，以此为素材创作了这篇史诗。

故事描写了莱茵河的王子齐格弗里德杀死巨龙，占有大量财富。他用龙血沐浴，全身刀枪不入，唯有肩处被飘落的树叶覆盖，未被龙血保护，成为致命的要害。齐格弗里德与勃艮第公主克里姆希尔达成婚，勃艮第国王嫉妒齐格弗里德，欺骗克里姆希尔达标记出齐格弗里德的致命处并在狩猎时将其杀死，占有了尼伯龙根宝藏。克里姆希尔达改嫁，多年后报仇雪恨，杀死勃艮第国王并自杀身亡。

图9-33　齐格弗里德被杀　插图创作：卡罗尔·费尔德（引自《尼伯龙根之歌》）

人们把这篇史诗称为德语的《伊利亚特》，因为它同样追溯到极远的上古时代，把遥远的神话中遗留下来的历史片段与人物结合起来，成为一部体现日耳曼民族品格的伟大诗作。其中充满了命运的悲剧、罪行不可避免的报偿，对正义与邪恶、光明与黑暗无止境的力量交锋的描写。此书在德国出版多次，许多知名艺术家为此书创作插图，这里选用了卡罗尔·费尔德（Carroll Felder）创作的插图（图9-33）。画面采用多插画表达，主次分明，上下两排小幅面插图对居中的画面起到补充说明的作用。人物形象饱满，动态丰富，蔓藤装饰突出了强烈的浪漫主义气息。这个故事洋溢着浓烈的浪漫主义情调，对日耳曼艺术的影响非其他作品所能及。德国戏剧家威廉·理查德·瓦格纳（Wilhelm Richard Wagner）在19世纪将其改编成一组歌剧《尼伯龙根的指环》。

十九、华盛顿·欧文（Washington Irviug）的《纽约史》中费利克斯·达林（Felix Darlry）的插图

美国于1776年建国，1830年美国文学才出现繁荣期。在书籍插图方面，早期美国出版业是以出版英国文学和英国书籍插图来发展本土书籍艺术。因此欧洲的插图艺术对美国当代的插图设计有着重要的影响。但在许多艺术史家心中"真正的美国插图画家之父"是费利克斯·达林，他是19世纪美国最重要的插图画家。

20世纪初，达林为欧文著作《纽约史》创作插图（图9-34）。《纽约史》全名是《纽约史：从世界开始到荷兰工朝终结》，书中以诙谐的笔调描写在荷兰统治时期的纽约历史。此书的一个重要影响就是成立了以欧文为主要成员的"尼克博克文学团体纽约派"。

图9-34　内页插图　插图创作：达林（引自《纽约史》 作者：欧文）

达林不但为书籍创作插图，他在水彩画及钢笔画上也有相当的成就。他在1868年出版了一部有关钢笔画和铅笔画方面的理论书。在插图创作中他采用了多种艺术形式及木刻、石版画、铜版画等多种技法。图9-35是达林在《亚罕伯拉》中创作的插图，画风活泼、欢快，体现了高度浪漫主义色彩的故事情节。

图9-35　内页插图　插图创作：达林（引自《亚罕伯拉》作者：欧文）

二十、皮埃尔–约瑟夫·雷杜德（Pierre–Joseph Rdoute）与“玫瑰圣经”

皮埃尔–约瑟夫·雷杜德1759年出生于绘画世家，23岁时成为国家自然历史博物馆著名花卉画家赫拉德·冯·斯潘东克（Gerard von Spaëndonck）的学生和助手，后又师从植物学家查尔斯–路易斯·埃希蒂尔·德·布鲁戴尔（Charles Louis Echtier De Bruder），系统地掌握了植物在形态方面的特点。雷杜德笔下的植物同时具有写实性和艺术性，成为当时著名的花卉图谱画家。1788年雷杜德被任命为当时法国王后玛丽·安东内特（Marie Antoinette）的陈列室画师，1830年“七月革命”后，他作为宫廷画师受到拿破仑一世的皇妃约瑟芬·博阿尔内（Joséphine de Beauharnais）的庇护。约瑟芬建造了一座宏伟的玫瑰园，其中包括了世界各地珍贵的玫瑰品种，雷杜德也因此绘画出这本被世人称为“玫瑰圣经”的画册《玫瑰图谱》。而他本人被上流社会贵族比喻成“花之拉斐尔”，与同时代的同类画家相比，他的作品更具有科学性，用色过渡自然，花朵神采各异，色彩淡雅。在雷杜德的笔下，玫瑰有一种还原为单纯的植物本身的特质，从而呈现出一种纯净的没有被阐释的美（图9–36）。这得益于雷杜德早年学习的、在艺术之外的学术和科学，给予他的作品以限制和平衡的作用。

整部《玫瑰图谱》耗时20年，其中有169种楚楚动人的玫瑰，配有法国园艺家兼植物学家格劳德·安托万·托利（Graud Antoine Toli）撰写的介绍文字。这本书共三卷，在1817~1824年分30期出版，共有10名艺术家和雕刻师及上百名配色工人参与制作。直至现今，许多西式装饰画、瓷器等物品都选用了雷杜德的玫瑰花图，他笔下优雅的玫瑰花成为西方装饰图案的经典。雷杜德一生为50多部植物学著作绘制了插图，为欧洲的花卉写实装饰图案留存了大量的资料，至于他本人，也被冠上“玫瑰绘画之父”的称号。

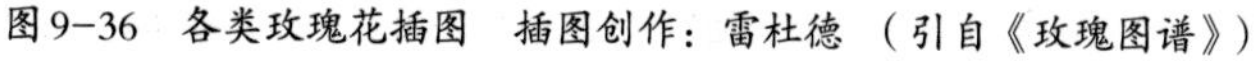

图9–36　各类玫瑰花插图　插图创作：雷杜德（引自《玫瑰图谱》）

二十一、《瑞典民间故事》中约翰·鲍尔（John Bauer）的插图

约翰·鲍尔是著名的瑞典插图大师。1882年生于瑞典火柴之都延雪平，被誉为陪伴了无数孩子童年的人，他为瑞典每年圣诞节出版的传统儿童读物绘制插图。他的插图时隔百年依然是许多当代艺术家的创作灵感来源。鲍尔16岁来到斯德哥尔摩学习绘画，并结识了未来的妻子，鲍尔所绘制的仙女、公主等形象大多都是以妻子为原型创作的。

他创作的插图，色彩柔和、清冷，带有童趣。如图9–37所示，丑陋滑

图9–37　内页插图　插图创作：鲍尔（引自《瑞典民间故事》）

稽的巨人是约翰·鲍尔最擅长描绘的对象，他们没有一般常识里的凶悍残暴，倒是都长着大大的鼻子，一头的卷发，虽然看起来脏脏的，但不失可爱。插图中大多数运用饱和度不高的冷色调，这类风格是与整个北欧的艺术取向及风土人情有关，但同时与约翰·鲍尔人生经历有着一定的联系。在黑暗的背景下，纤细的仙女精灵们，面目清秀，仿佛是黑暗中的一缕烛光，空旷中的一丝希望。这些作品不但表现了故事的内容，而且侧面体现出艺术家的内心世界。

第十章 现代主义时期的书籍插图

现代主义从文化的历史角度来说，是1914年前的几十年中兴起的新艺术与文学风格，是艺术家为了反抗19世纪末期的陈规旧矩，转而用一种他们认为感情上更真实的方式，来表现出大家真正的感受与想法。现代主义以科学为基础，讲求理性与逻辑、实验与探证。牛顿的力学理论、达尔文的进化论及弗洛伊德对自我的研究为现代主义奠定了重要的理论基础。

从法国大革命时期起，许多艺术家便已经觉得，像此前一直被广泛采用的历史以及宗教、神话这类主题，与自己所处时代的情感需求不一定相符。而飞速改变的社会生活方式和人文思想的变化，更使人需要表现这一时期的飞跃，他们认为创作应突破以往的传统，强烈表达个人体会。于是一种以表达个人思想的艺术创作方式出现了，这就是与传统文艺分道扬镳但具有前卫特色的各种美术流派和思潮，又称现代派、现代主义。现代派源流可以追溯到法国的印象主义以及后来出现的印象派、构成主义等。这些艺术特点具体地表现在插图中，成为这一时期书籍插图的显著特征。许多艺术家在从事绘画、雕塑的同时，也将明显的个人风格带到他们的插图艺术中，成为现代主义运动中的一部分。下面就从分析这一时期的插图作品来了解其在现代主义时期的特点及表现。

一、《街道景致》中奥古斯特·勒佩尔（Auguste Lepere）的插图

《街道景致》是法国诗人、小说家、戏剧作家让·黎施潘（Jean Richepin）的作品，主要描写法国巴黎街边的景色，带有浓郁的乡土气息。图10-1选取的是勒佩尔创作的《街道景致》中的《滑雪》和《裸舞》两幅插图。前者更具有写实性，描绘人们滑雪的动态，体现欢快的心情。而后者则更偏向装饰性，用大量的植物形象烘托女性柔美的身体曲线。

勒佩尔被艺术史家称为“现代法国书籍插图之父”，艺术风格多变，在现代主义艺术运动盛行的19世纪末，仍然以传统的艺术形式进行表达与创作。他是雕塑家弗朗索克·勒佩尔（Francois Lepere）的儿子，13岁进入知名版画家的工作室学习。勒佩尔在工作室学习了许多技巧，如光和影的把握、背景的细致表现等，对后来艺术成就的取得起到了重要作用。

勒佩尔是他这个时代最有天赋的插图绘画家之一，他擅长绘画郊区的景象。他为许多刊物做插图，如《万象画报》。勒佩尔所在的时代观众对艺术形式要求世俗化、细节化。中产阶级对宗教充满了偏爱，而艺术赞助人则更倾向于对社会景象的详细描绘。勒佩尔注重写实的手法表现了巴黎当时的事件和大众关注的事件，符合当时公众的喜好心理，特别是市民阶级的眼光和趣味。勒佩尔的插图大多数是城市景物和宗教题材。

（a）滑雪　　（b）裸舞

图10-1　内页插图　插图创作：勒佩尔（引自《街道景致》　作者：黎施潘）

二、《弥诺陶洛斯》中巴罗·鲁伊斯·毕加索（Pablo Ruiz Picasso）的插图

弥诺陶洛斯是希腊神话中的人物，真实身份是克里特岛国王弥诺斯之妻韦帕西法厄与波塞冬派来的牛所生，拥有人身和牛头的怪物，弥诺斯为它修建了一个迷宫，名为弥诺陶洛斯迷宫。年轻的忒修斯混在每年向弥诺陶洛斯进贡的童男童女中，杀死了弥诺陶洛斯，然后用公主告诉他走出迷宫的方法逃出了迷宫。

1933年，法国出版家阿尔伯特·斯基拉（Albert Skira），接受著名超现实主义画家和版画艺术家安德烈·马松（Andre Masson）的建议，给他的出版刊物取名《弥诺陶洛斯》，并让马松邀请毕加索为其绘制封面插图（图10–2）。毕加索笔下的弥诺陶洛斯时而残忍，时而好色，任性而为，影射着神话人物本身的性格。

毕加索生于西班牙的马加拉布，是现代艺术（立体派）的创始人，西方现代派绘画的主要代表。毕加索9岁来到巴黎，后定居巴黎并过着自由浪漫的生活。而后受到保罗·塞尚（Paul Cézanne）的艺术影响，对绘画结构进行探讨研究，作品显示出几何化倾向，开始将形象分解成各个平面，并重新予以组合。后来又分析立体主义，采用拼贴技巧创作，逐渐走向"综合立体主义"。立体主义是20世纪第一个新艺术运动，是艺术史上的一个转折点。它一反传统的透视法、远近缩小法、体积表现法、明暗对照法以及其他一些传统仿真自然的艺术理论，以平面和二维空间的面来表现形体。毕加索以立体主义和超现实主义手段创造了2000多幅版画，其中不少是书籍插图。1931年毕加索为巴尔扎克的小说《玄妙的杰作》所创作的插图见前图2–14，表明艺术家的创作是由一次次的爱激发的，画中纤巧的线条，有隐喻的动物象征，爱与迷恋的构思，远离传统艺术风格，具有现代主义气息。

图10-2　封面插图　插图创作：毕加索（引自《弥诺陶洛斯》　作者：马松）

三、《动物寓言集》中拉乌尔·迪菲（Raoul Dufy）的插图

《动物寓言集》是法国诗人纪约母·阿波里奈（Guillaume Apollinaire）的作品诗集。1913年，阿波里奈发表《未来主义的反传统》，标志着文学艺术中未来主义的创立。这一流派最突出的特征是把立体未来主义美术专用语引入文学中。他们创作了“图画诗”，即把诗排列成图画形态，以在诗歌韵律美的基础上表现立体美。图10-3是阿波里奈邀请迪菲为《动物寓言集》所创作的插图。

迪菲对传统艺术不感兴趣，却迷恋印象派和后印象派的画法。1904年

图10-3　鱼　插图创作：迪菲（引自《动物寓言集》　作者：阿波里奈）

又从后印象派画法转向用强烈色彩涂抹色块的野兽派画法，然后再次更改画风，转向以色彩柔和和立体派方式的构图。这些不同的艺术形式，最后都表现在他在不同时期为书籍创作的插图之中，这也使他的书籍插图创作呈现出丰富的变化。在迪菲为阿波里奈的《动物寓言集》所创作的插图艺术中，版画的线条装饰风格被无限放大，动物形象更加突出，成为插图中的主体，细节部分被弱化，仅以装饰性存在。这与之前浪漫主义时期的在插图中尽量体现细节的表达方式截然不同。在现代主义时期，书籍插图更多的是以装饰画存在，表达的是情感而非内容本身，是这一时期书籍插图与之前的插图本质区分之处。图10-4是迪菲为《好儿童》所创作的插图，大量使用线条处理，从其中可看到艺术家多变的风格。

图10-4　内页插图　插图创作：迪菲（引自《好儿童》 沃拉尔公司出版）

四、瓦西里·康定斯基（Wassily Kandinsky）的《音色》与插图

康定斯基1866年生于俄罗斯，是美术理论家、音乐家、抽象绘画的先驱者，现代抽象艺术理论和实践的奠基人，与彼埃·蒙德里安（Piet Mondrian）、卡西米尔·塞文洛维奇·马列维奇（Kasimier Severinovich Malevich）并称为抽象艺术的先驱，曾任教于德国包豪斯。他既是画家，又是优秀的大提琴手。他认为音乐与色彩有着内在联系，康定斯基甚至以音乐命名他们的作品。他认为音乐不但有助于认识世界，还有助于理解世界。

1913年，康定斯基在德国慕尼黑出版了一本名叫《音色》的书，这部书诞生在欧洲最后一个和平时期，代表了作者转向抽象派的绘画风格，因此被认为是一部具有里程碑性质的书。书中包含12幅全彩插图和44幅黑白插图，文字部分没有插图精彩和多变，这也正与现代艺术中许多书籍插图更多是以绘画作品出现而脱离了文字依据这一特点相符。康定斯基十分重视这本《音色》，书中的插图、装帧、纸张装订都由他亲手完成。图10-5是其中的一幅插图。此书共印刷300册，因此现在已经极少见到原版书籍了。康定斯基对于插图的创作，与他进行理论书籍的写作密不可分，他大多的插图是使用在自己的书籍中，以作为理论支持。

五、伏尔泰的《老实人》中保罗·克利（Paul Klee）的插图

《老实人》是伏尔泰的代表作，主人公老实人纯朴善良，头脑简单，寄居在男爵府上，信奉导师“世界尽善尽美”的哲学。老实人和男爵小姐自由恋爱被男爵逐出家门，开始流浪。小说的主题是批判盲目乐观主义哲学，

图10-5　内页插图　插图创作：康定斯基（引自《音色》　作者：康定斯基）

并寄托了作家伏尔泰的政治理想。图10–6是克利为1911年伏尔泰的《老实人》德文译本所创作的插图。

保罗·克利是康定斯基的朋友，包豪斯的教师，“蓝骑士派”的四位成员之一，被称为最富诗意的造型大师。年轻时受到象征主义与年轻派系风格的影响，创作了一些蚀刻版画，借以反映对社会的不满，后来又受到印象派、立体主义、野兽派和未来派的影响，这时的画风为分解的平面几何、色块面的分割特点。他的艺术变化多端，令人捉摸不定。他的作品中，线条、块面、跳跃而奇妙，均来自其对客观事物的感受。

克利为伏尔泰《老实人》的德文译本创作插图26幅。这些插图都极有特色。“火柴杆的形象”以消瘦的人体来处理人物形象，看似怪诞，却与《老实人》的情节吻合。克利也为其他的作家创作了许多书籍插图，图10–7是他为美国科幻作家弗兰克·赫伯特（Frank Herbert）的小说《海里的龙》设计的封面。画面采用抽象创作的方式，以线条、色块交错排列，展现克利的表现主义风格。

图10–6　内页插图　插图创作：克利（引自《老实人》 作者：伏尔泰）

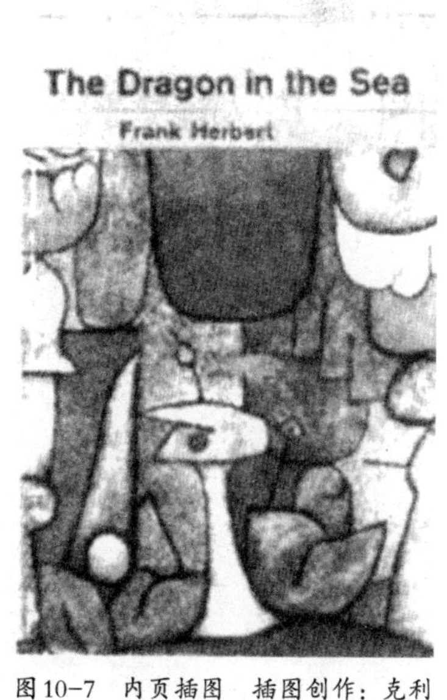

图10–7　内页插图　插图创作：克利（引自《海里的龙》 作者：赫伯特）

六、罗曼·罗兰（Romain Rolland）的《俩死者》中女插图家凯绥·珂勒惠支（Kaethe Kollwitz）的插图

1919年1月15日，德国社会民主党人卡尔·李卜克内西（Karl Liebknecht）与女革命家罗莎·卢森堡（Rosa Luxemburg）在一次革命暴动中，被当局的志愿军以逮捕他们时意图逃跑为由开枪打死。卡尔是马克思的亲密伙伴，德国共产党的共同创建者威廉·李卜克内西的儿子。他与其他革命激进分子创建了斯巴达克斯同盟，推动了德国的革命，曾多次被投入监狱，这次他与罗莎的死唤起许多民主人士的良知。法国作家罗兰为此撰文《俩死者》，表达了自己的同情和愤怒。图10-8是珂勒惠支为罗兰的这本书制作的木刻插图《死者永生》，这幅插图以极大的震撼力打动读者。

珂勒惠支是德国表现主义版画家和雕塑家，20世纪德国最重要的画家之一。14岁开始学画，17岁进入柏林女子艺术学院学习，1909年为一个漫画杂志工作，这时她已经成为一个社会主义者。她一生旗帜鲜明地支持无产阶级革命事业。她的早期作品《织布工人的暴动》《起义》《死神和妇女》等，以尖锐的形式把在资本主义制度下工人阶级的悲惨命运和勇于斗争的精神表达出来，唤醒人们反对侵略战争，根除战争，实现世界大同的理想。珂勒惠支是德国表现主义最后一位实践者，更是20世纪第一位抗议社会的艺术家。

图10-8　死者永生　插图创作：珂勒惠支（引自《俩死者》　作者：罗曼·罗兰）

插图10-9《织布工人的暴动》是根据《织工》创作的铜版组图。该书内容是诺贝尔文学奖获得者霍普特曼描绘的1844年西西里纺织工人生活的悲剧故事。插图中对于多人物的刻画，形象生动，层次丰富，体现了当时插图艺术的风格特点。

图10-9　织布工人的暴动　插图创作：珂勒惠支（引自《织工》　作者：霍普特曼）

七、威廉·莫里斯（William Morris）的《乌有乡消息》中的插图

19世纪末期，威廉·莫里斯是英国艺术家里程碑式的人物。他是设计师、诗人、早期社会主义活动家及自学成才的工匠。他设计监制或亲手制作的家具、纺织品、花边玻璃、壁纸以及其他各类装饰品引发工艺美术运动，一改维多利亚时代以来的流行品位。

《乌有乡消息》是一篇长篇政治幻想小说，莫里斯写于19世纪末期。小说主人公是一个社会主义者，他在参加了一次有关社会主义问题的讨论后，回家做了一场梦。在梦中他发现自己已经生活在实现了共产主义的英国，他通过实地观察和与人交谈，惊奇地看到旧时代的生活痕迹已经彻底消失，人们的精神面貌也发生了根本的转变。小说继承了拜伦、雪莱等诗人的浪漫主义传统，通过幻想与象征手法，曲折而真实地反映了当时英国的社会现实。图10–10是《乌有乡消息》的封面插图，沿用了莫里斯的精美花纹图案，整体呈现安宁的氛围。

莫里斯自称是“职业装饰师”，他钟情于中世纪的装饰手稿。莫里斯发现15世纪印刷的书“仅是由于印刷工艺的关系，即使没有外加装饰，也是那么的漂亮”。他希望通过复兴中世纪技术，改变现代工业化对书籍插图造成的破坏，改变当前插图粗制滥造的情景。他创立出版社，自行设计出版物。他为他的好友伯恩–琼斯（Edward Burne-Jones，前拉斐尔画派）的作品策划了13部书并亲自装帧设计。莫里斯还出版儿童诗集《圭尼维尔的防卫及其他》，其插图为同期英国女插图家杰西·马里恩·金（Jessie Marion King）创作（图10–11）。莫里斯的艺术事业虽然出现在19世纪末，但他的创作风格却影响了20世纪的多位艺术家。

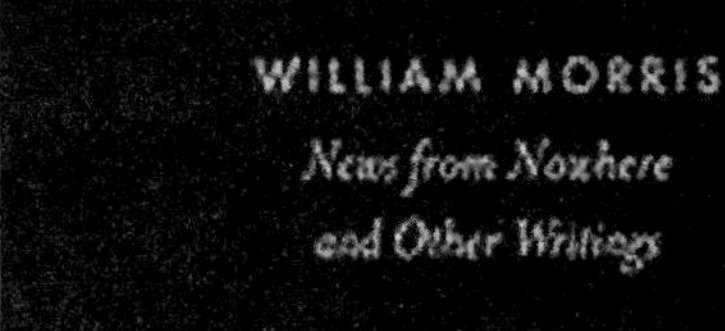

图10–10　封面插图　插图创作：莫里斯（引自《乌有乡消息》作者：莫里斯）

图10-11 内页插图 插图创作：杰西·马里恩·金（引自《圭尼维尔的防卫及其他》作者：莫里斯）

八、艾米莉·简·勃朗特（Emily Jane Bronte）的《呼啸山庄》中克莱尔·莱顿（Clare Leighton）的插图

《呼啸山庄》是英国作家勃朗特姐妹之一艾米莉·简·勃朗特的作品。小说描写吉卜赛弃儿希斯克利夫被山庄老主人收养，因受辱和恋爱不顺，离开山庄，致富回来后对与其女友凯瑟琳结婚的地主林顿及其子女进行报复的故事。全篇充满强烈的反抗压迫、争取幸福的斗争精神，又始终笼罩着离奇、紧张的浪漫气氛。图10-12是1931年莱顿为《呼啸山庄》创作的插图，整幅画面中色彩沉郁，用刀深刻，与小说中情节场景氛围相符。

图10-12　内页插图　插图创作：莱顿（引自《呼啸山庄》 作者：勃朗特）

莱顿在英国是受大众欢迎的插图家。莱顿生于20世纪的英国伦敦，先进入伯明翰艺术学校学习，后师从版画家诺埃尔·洛克（Noel Rooke）学习木刻。1939年去美国巡回讲学后定居美国。

莱顿是位多才多艺的女插图家，一生共写15本书，为45部作品创作插图。莱顿第一本自写自画的书《农夫的岁月》出版于1933年（图10-13），莱顿喜爱乡村的气息，她的作品大多数是关于农村的内容。她完成了《伊索寓言》《鹅妈妈》等在当时深受儿童欢迎的书籍的插图，使英国儿童书籍插图成为当时出版物的一大特色。

莱顿的许多书籍销量优秀，与其精美的插图制作密不可分，她以无以匹敌的技术手段和精致构图的作品，在插图艺术家中声望极高。她同样也具有表现“大自然中鲜活生命的高贵和诗意”的宝贵才能，这种品质让她的插图呈现出清新气质，使她的作品得到自然保护主义者和社会史家，尤其是环境保护主义者的肯定。

（a）农民们采摘苹果

（b）丰收

图10-13　内页插图　插图创作：莱顿（引自《农夫的岁月》　作者：莱顿）

九、《肯辛顿公园的彼得·潘》中亚瑟·拉克姆（Arthur Rackham）的插图

19世纪末到20世纪初，主要以插图来吸引儿童读者的书籍中，出现了一种新的类型“礼品书”，此类书籍制作精美，可作为馈赠的礼品，被大多数尤其是孩子母亲所喜爱。“礼品书”成为英国儿童书籍中一大亮点，而在“礼品书”的黄金时代，也涌现出许多优秀的书籍插图艺术家。

《肯辛顿公园的彼得·潘》是苏格兰小说家及剧作家詹姆斯·马修·巴利（James Matthew Barrie）最为著名的剧作，讲述了彼得·潘——一个会飞的拒绝长大的顽皮男孩，在梦幻岛与温迪以及她的弟弟们所遭遇到的各种历险故事。故事的主题为童年的纯真与成年人的责任之间的冲突。彼得·潘拒绝了从儿童转变为成年人，故事的结局表明了这个愿望的不现实性，并说明在这种转变之中也有着悲剧的成分。

图10-14是拉克姆为1906年出版的《肯辛顿公园的彼得·潘》创作

图10-14　内页插图　插图创作：拉克姆（引自《肯辛顿公园的彼得·潘》 作者：巴利）

的50幅插图之中的两幅。拉克姆是英国插图家，其作品在现代的英国插图史中占有重要地位。在拉克姆去世后，其插图还多次被运用在贺卡等印刷品上。拉克姆出生在兄弟姐妹多的家庭，18岁时在一家火灾保险公司担任职员，并开始兼修艺术，25岁时辞职，开始为杂志、书籍创作插图，图10–15中的两幅插图是为《尼伯龙根的指环》所创作，可以清晰地看出拉克姆作品的艺术特点。拉克姆绘制插图的儿童书籍是如此受欢迎，以至于有人说，拉克姆所创作的插图在当时已成为了市场上的商品和从希望中得到的珍珠。拉克姆在绘制书籍插图的过程中创造出一系列神奇的想象，从他的插图书籍《爱丽丝漫游仙境》中可以体现出来（图10–16）。

（a）齐格弗里德杀死巨龙

（b）西格得唤醒布伦希尔特

图10–15　内页插图　插图创作：拉克姆（引自1910年理查·瓦格纳改编的《尼伯龙根的指环》）

图10-16　内页插图　插图创作：拉克姆（引自《爱丽丝漫游仙境》）

十、丹麦《安徒生童话》中凯·尼尔森（Kay Nielsen）的插图

在丹麦本土对安徒生童话诠释的最贴切的插图师，就是绘本怪杰凯·尼尔森。他和拉克姆、杜拉克并称为20世纪绘本三巨头，三人之中以凯·尼尔森的画风最为另类怪异。

凯·尼尔森出生于艺术家庭，他从小就接触各类风格的艺术作品，这对他的创作有非常大的影响。他的插图作品是一个奇特的混合体——既有日本版画带有明亮华丽色彩的风格，又隐含着许多比尔兹利的绘画特点。其插图作品中除了对于人物面部的细微刻画、柔软的躯体、中性的造型，还有奇异绚丽的花朵和鳞片状的装饰等。而当时盛行的新艺术运动在凯·尼尔森的插图中表现为流畅、优美、激烈的曲线装饰。

《太阳的东边月亮的西边》是凯·尼尔森最出色的作品，此前北欧神话绘本比较少，绘本风格变化不多，而凯·尼尔森的插图色彩冷淡、画面凝重，和北欧神话的风格相得益彰（图10-17）。而作为丹麦本土人，凯·尼

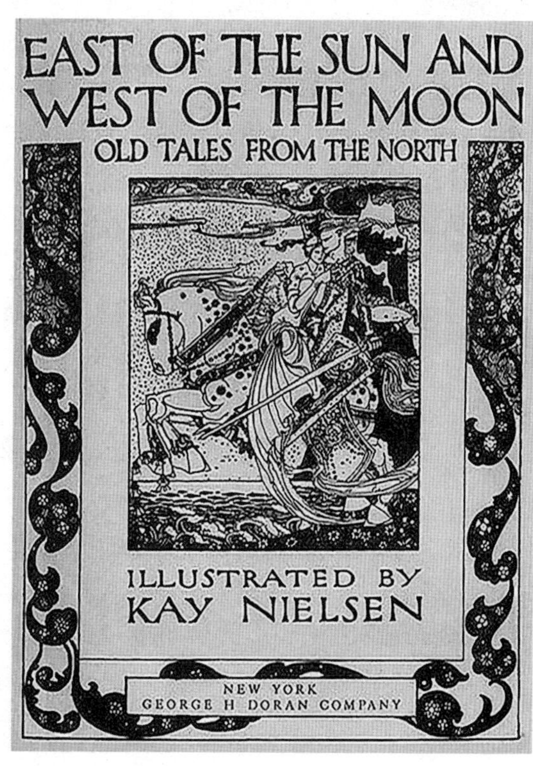

图10-17　封面插图　插图创作：凯·尼尔森（选自《太阳的东边月亮的西边》）

尔森为《安徒生童话》配插图是绝佳的组合，因此他创作出许多非常优秀的插图作品，如家喻户晓的《夜莺》(图10–18)、《白雪公主》等。

1930年后，凯·尼尔森来到洛杉矶，加入迪士尼，创作了《小美人鱼》(图10–19)、《狂想曲》等优秀作品，但是凯·尼尔森的创作风格与迪士尼的理念有冲突，导致他无法再继续创作更优秀的作品。凯·尼尔森的晚年穷困潦倒，在新的插图技术、有声动画的冲击下，艺术家没有再回到当年的辉煌，也没能回到丹麦，而是在贫病交加中去世，多年后他的插图作品成为一个时代的代表。

图10–18　夜莺　插图创作：凯·尼尔森（选自《安徒生童话》）

图10–19　原画设定　原画创作：凯·尼尔森（动画电影《小美人鱼》）

十一、《鲁拜集》中爱德蒙·杜拉克（Edmund Dulac）与约翰·巴克兰·莱特（John Buckland Wright）的插图作品

《鲁拜集》（意译为《四行诗》）是波斯诗人奥玛·海亚姆（Omar Khayyam）的诗歌集，他的诗歌否定来世和宗教信条，谴责僧侣的伪善。《鲁拜集》是诗人未实现终身理想，留下来的薄薄的一本诗集，其版本之多仅次于《圣经》。《鲁拜集》于1079年前后出版，但是1859年由爱德华·菲茨杰拉德（Edward Fitzgerald）翻译成英文时才引人注意。菲茨杰拉德的英译本，展现了原诗的优雅，后来者再版的翻译中很少有人达到这个高度。

图10–20为杜拉克为1910年出版的《鲁拜集》所创作的两幅插图作品。杜拉克生于法国图卢兹，在修习了两年的法律后，进入美术学院，后在法国巴黎和英国伦敦开始了插图艺术家生涯。杜拉克赶上"礼品书"大受市场需要的时刻，他的另一份工作是为勃朗特姐妹的作品绘制插图，并创作了《辛巴达航海日记》等多部小说的书籍插图。他还为当时的时尚杂志《美国人周刊》的周日副刊画系列封面画，这里附上他为《爱伦·坡作品集》

图10-20 内页插图 插图创作：杜拉克（引自《鲁拜集》 作者：海亚姆）

创作的书籍插图（图10–21），插图的设计可体现出书籍作者深深的忧郁情绪。

《鲁拜集》是一本神奇的书，100多年以来，许多艺术家为其创作精美插图，有数百种版本的插图本，其作品千姿百态，表现出此书艺术的广泛性。约翰·巴克兰·莱特是出生于新西兰的英国艺术家。在他的插图作品中，女性具有优雅感性的特点，流畅的线条，简洁的构图处理，反映了当时人们对于艺术形象的审美。1938年，莱特为《鲁拜集》创作的插图非常精彩，美国著名的收藏家戴伊蒙德夫妇要求莱特将其制作成藏书票，利于收藏（图10–22）。莱特的插图作品与杜拉克的相比较，线条更为清晰简练，画面呈现浓浓的异域感，处理形态方面大量地使用线条，从而减弱色块之间的关系，使读者的视线从繁复的细节转移到线条的节奏感中。杜拉克的作品则最大限度地描绘了诗中的情景，呈现一种场面效果，加深读者的印象。两位艺术家创作时间间隔二十多年，但在艺术表达上，已经出现风格的递进，呈现不同的效果了。

图10–21　内页插图　插图创作：杜拉克（引自《爱伦·坡作品集》）

图10-22　内页插图　插图创作：莱特（引自《鲁拜集》 作者：海亚姆）

十二、《玫瑰传奇》中基恩·亨德森（Keith Henderson）的插图

大多数礼品书都是为儿童制作的，但市场上仍有一种针对年轻人，特别是年轻女性的“礼品书”非常流行。这种礼品书有一定的故事情节与文化内涵，其中最有名的是《玫瑰传奇》。此书是法国中世纪长篇叙事诗，分为两部分。第一部分写于13世纪20年代，相传作者是吉约姆·德·洛里斯教士（Guillaume de Lorris）。他采用隐喻手法，以“玫瑰”代表少女，叙述“情人”追求“玫瑰”而不得的故事，是骑士文学中贵族“典雅”的爱情故事的翻版。第二部分写于13世纪60年代，写“情人”经过种种努力，包括借助“财富”去争取对方欢心，终于获得了“玫瑰”。书中角色经常会探讨社会问题，或揭露教会攫取社会财富，或抨击封建贵族的特权，或谴责资产阶级的前身——唯利是图的上层市民，表达了中、下层市民的社会政治观点。《玫瑰传奇》在中世纪的法国有广泛的影响，隐喻手法是其一大艺术贡献。

英国大作家杰弗里·乔叟（Geoffrey Chaucer）对《玫瑰传奇》中意已久，他在其中找到理想爱情的表达，从青年到老年，对爱情始终不渝。而且在他创作的许多作品中，可以看到《玫瑰传奇》对他的影响。1911年，乔叟将此书的另一部分英译出版，邀请当时知名的插图家基恩·亨德森创作插图。这部插图本在当时受到极大的欢迎，图10-23是《玫瑰传奇》中的最后一幅插图，表现“情人”终于得到“玫瑰”——爱情。

图10-23 “情人”终得“玫瑰” 插图创作：亨德森（引自《玫瑰传奇》 作者：洛里斯）

十三、《荒原集：阿拉斯加的冒险之旅》中洛克威尔·肯特（Rockwell Kent）的插图

洛克威尔·肯特是20世纪最负盛名的美国版画家，早年学习建筑后改学绘画。肯特曾从事多种职业，游历过北极、南美、欧洲和南极等许多地方，为自己的绘画和游记积累了素材。他的插图风格结合了欧洲多个艺术流派，又带有强烈的个人表现。1918年，他与小儿子一起去阿拉斯加旅行。1920年他出版了一部非常著名的游记《荒原集：阿拉斯加的冒险之旅》，并自己配以插图（图10-24）。肯特创作的插图，大多数以人物为主，画面上的人物都带有理想的色彩，人和自然的统一是他在艺术上的显著特征。肯特的木刻作品常常以惊人的黑白对比和简洁的明暗分界线来表现物体对象，使画面的人物和背景都达到高度完美的统一。

图10-24　内页插图　插图创作：肯特（引自《荒原集：阿拉斯加的冒险之旅》　作者：肯特）

十四、《莎乐美》中约翰·瓦索斯（John Vassos）的插图

《莎乐美》是奥斯卡·王尔德根据《圣经》中的小故事改编而成的著名独幕剧，是王尔德的作品中较为著名的剧作。1926年，此书再版时，约翰·瓦索斯应邀为其作封面插图（图10-25）。

约翰·瓦索斯生于希腊，青年时期在土耳其从事艺术活动，后因创作讽刺土耳其官员的绘画而被驱逐，1919年，在美国为时尚杂志《哈泼斯》和《新纽约人》杂志创作插图稿。瓦索斯在插图绘画上深受“装饰派艺术”的影响。这类艺术在形式上有着显著的特点，轮廓清晰、简单，外表呈流线型，图案呈几何形或具象形式演化而成，瓦索斯的插图均具有此类特征。

瓦索斯所作的插图，由块面构成，装饰性极强，带有强烈的情绪渲染，这里附上他为英国浪漫主义诗人、湖畔派代表塞缪尔·泰勒·柯尔律治（Samuel Taylor Coleridge）的书籍《忽必烈汗》所做的插图（图10-26）。

图10-25　封面插图　创作：瓦索斯（引自《莎乐美》　作者：王尔德）

图10-26　内页插图　插图创作：瓦索斯（引自《忽必烈汗》　作者：柯尔律治）

十五、《摩洛哥城墙的后面》中鲍里斯·阿尔志跋绥夫（Борис Арцыбашев）的插图

鲍里斯·阿尔志跋绥夫是一位代表性的艺术家，他是苏俄颓废主义文学流派最著名的作家米哈伊尔·彼得罗维奇·阿尔志跋绥夫（Михаил Петрович Арцыбашев）的儿子。因父亲的小说充满厌世的糜烂气息，而在苏联受到歧视，被驱逐出国后辗转来到美国。他多次应邀为著名的《时代》周刊创作封面，并为许多欧洲本土作家的书籍创作插图，这里选用的插图是其为德国女作家亨利埃特·采拉尔（Henriette Celaire）的《摩洛哥城墙的后面》及描写保加利亚的西美昂的《七个西美昂》所创作的插画（图10–27、图10–28）。装饰风格的线条和块面关系，使作品有别于当时普遍的插图艺术，从而形成强烈的个人风格。

图10–27　内页插图　插图创作：阿尔志跋绥夫（引自《摩洛哥城墙的后面》　作者：米拉尔）

图10-28　内页插图　插图创作：阿尔志跋绥夫（引自《七个西美昂》）

十六、苏拉米斯·乌尔绯（Sulamith Wulfing）的小美人鱼

苏拉米斯·乌尔绯1901年出生于德国，她的父亲从事神学研究，她出生在充满宗教氛围的家庭中。因此乌尔绯自小就被天使、仙女等神话故事包围。这种暗示作用持续在她的一生中，并对她之后的作品中的人物形象产生极大的影响。虽然乌尔绯在战争中受到很多磨难，但她的画风神秘、温婉，线条精致、背景华丽，浸润宗教的恬静，又弥漫着人世的忧伤。她绘制过很多童话书的插图，作品被制作成年历、贺卡、明信片等商品。

乌尔绯笔下的人物，都是身材纤细的精灵，有着浓密飞扬的长发，大大的带有天真的眼睛，若有所思和微带哀伤的表情，穿着精美繁复花纹的裙子，带着美丽的花环、面纱、发带和带有珍珠的花冠。在微明的晨光或黄昏的树林中，在月光下，在哥特风格的城堡中，插图中有着美丽奇异的花朵、飘舞的蝴蝶、羽毛落叶等美丽的元素。而这样的小精灵们，在安徒生的童话书《小美人鱼》中，被无限地放大，被精致地绘制，被深刻地表达出来（图10–29）。

乌尔绯1953年创作的《小美人鱼》的插图本1977年在德国出版，彩色插图本让这个忧伤美丽的故事被更多的人重新认识。

进入近现代后期，随着摄影技术和电脑制作手段的发展，书籍插图在一段时间内被摄影作品替代，或是利用电脑技术将摄影作品处理为具有某种艺术风格的仿制绘画作品。但进入21世纪后，信息技术的发展及信息交流在互联网的便利性，使人们对于写实风格的摄影产生了视觉疲劳。此时更多依托于新兴CG技术的数码插图涌现出来，为同时期出现的书籍和电子阅读刊物进行匹配设计。多变的数码插图在此就不一一赘述，其相应的书籍中会有详尽说明。

图10-29　小美人鱼　插图创作：乌尔绯（引自《安徒生童话》）

03

第三部分

欧洲书籍艺术中插图形式与用途

第十一章 欧洲书籍艺术中的插图种类

欧洲的书籍插图从最早的手抄本时代就被认为是绘画艺术的分支，在许多书籍中，甚至要求只有知名绘画艺术大师才可以被邀请绘制插图。书籍插图无论在内容、创作形式上，还是艺术品的用途上，都与传统的单纯的绘画艺术有区别，但又根生于绘画艺术。插图绘制的内容要符合书籍的内容，它表现的对象也和传统绘画一样丰富，插图的形式因其内容差别比绘画艺术更多变，插图的用途也因需要不同出现在不同的位置。

根据不同的要求，插图可划分成许多种类。本书对插图划分的依据没有使用材料、技法等常规标准的划分形式，而是以内容、插图的位置等进行划分。

一、根据书籍插图内容划分

（一）人物插图

在绘画艺术中，肖像画与人物画在欧洲中世纪占有重要地位。大部分宫廷画都是肖像画、人物画，而在书籍插图中，以人物作为插图主题的形式最为常见。这些人物插图可能是主角的形象，或是多个人物构成的情景等。最常见的是，在扉页绘制作家的全身像及在书中介绍主角的形象。

图11-1是《鲁拜集》中的人物插图，由当时知名画家杜拉克创作。前文章节中已详尽阐述杜拉克的艺术特点及为此书所绘插图的风格形式。图11-2是福楼拜所著的展现七月王朝时期法国社会的长篇小说《情感教育》

图11-1 人物图像 插画创作：法国杜拉克（引自《鲁拜集》作者：海亚姆）

图11-2 人物像 插图创作：斯麦扎克（引自《情感教育》作者：福楼拜）

中，对于书中女主角阿尔努夫人的形象描绘，这幅插图是法国画家斯麦扎克（Segonzac）创作的，线条轻松活泼，简洁明快，清晰地表达出阿尔努夫人的神韵。人物插图的特点是画面中的形象，因为仅表达人物的特征，并未侧重讲述情节与场景，所以其与文字的联系不紧密。许多人物插图对于人物表达的要求几乎等同于绘画之中的肖像画部分，是插图艺术中最接近绘画艺术的种类。

（二）动物插图

前文中提到过早期主要的书籍种类中，有宗教书籍、宫廷类书籍和寓言书籍。早期寓言类书籍多使用动物作为主要形象，如《伊索寓言》（图11-3）、《奇钟》（图11-4）等。动物插图要求插图师熟练掌握动物绘画技巧。而且动物插图的特点是：动物不仅以原始形象出现，而且还会以拟人形象出现，穿着人的服饰，以人的姿态说话、做面部表情和行动。而在科普类书籍中写实类描绘动物形象的也有不少，如英国插图家比尤伊克的《英国陆鸟史》中的插图《水鸟》，即为写实性插图形式，详细描绘了动物本身，使其科学研究的特点更为突出、更具真实性（图11-5）。

图11-3　狗与影子　插图创作：拉·封丹（引自《伊索寓言》）

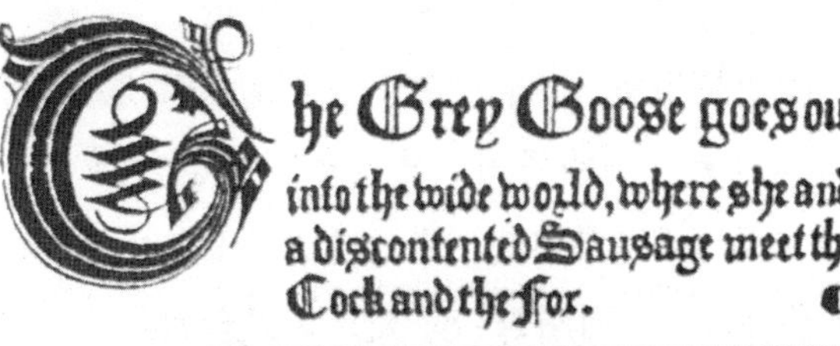

图11-4　灰鹅来到广阔的世界　插图创作：霍华德·派尔（引自《奇钟》作者：霍华德·派尔）

图11-5　水鸟　插图创作：比尤伊克（引自《英国陆鸟史》作者：贝尔比）

（三）器物插图

器物是指所有用具的统称，器物插图是指以器物这类无生命的物体为主体对象绘制的插图，器物插图中也常出现使用器物的人物或动物。图11-6是书籍《鲁拜集》中的插图，重在介绍当时常用的器皿及其表面复杂的装饰纹样。而图11-7中是达·芬奇为自己的科学研究绘制的插图，详细地阐述了液体压力的概念，并提出连通器原理，插图中详尽地介绍了齿轮等拉力装置和滚珠装置。

图11-6　器皿插图　插图创作：沙利文（引自《鲁拜集》 作者：海亚姆）

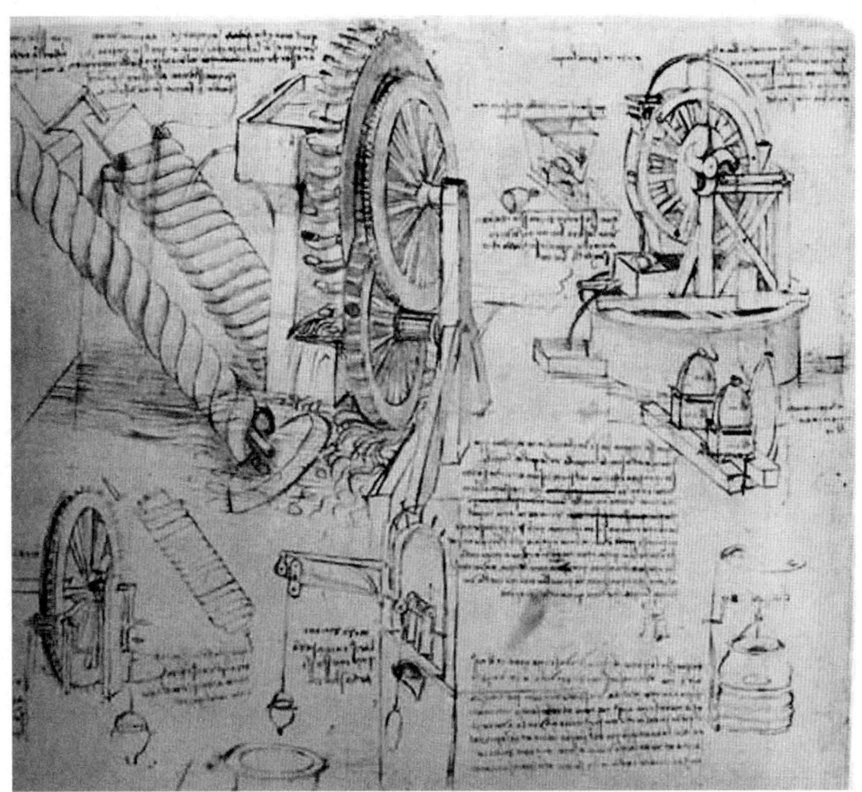

图11-7 关于液体压力的阐述 插图创作：达·芬奇（引自《达·芬奇手稿》 作者：达·芬奇）

器物插图通常出现在科普书籍、古代器物的考古类书籍或记录宫廷器皿的书籍中。

（四）故事场景插图

在许多文艺作品中，故事场景插图不仅描绘故事场景中的人物与景色外观，还表现故事情节、诗歌内容。为了符合书籍的要求，此类插图都有丰富的人物关系、完整的场景、肢体语言与面部表情。图11-8是由约瑟芬·海莫尔（Joseph Highmore）为塞缪尔·理查森畅销小说《帕梅拉》绘制的插图，图中出现该幕有戏剧冲突的帕梅拉和主人B先生。小说通过书信体的形式，表现了美貌的女仆帕梅拉在女主人去世后，受到男主人B先生的诱惑，最终感化B先生的故事。这幅插图讲述的是第十一封信中的情

图11-8　帕梅拉挣脱后被主人拉了回去　插图创作：海莫尔（引自《帕梅拉》 作者：理查森）

景：帕梅拉在小花园凉亭中，主人B先生“用可怕的热情吻了她”，她挣脱后又被B先生拉了回去。插图中对于情节的描绘相当细致，从帕梅拉垂下的眼帘，到B先生紧握住她的手，对场景小凉亭的描绘，都显示出插图家海莫尔在文学基础上充分发挥了他的想象，对人物面部和肢体的表现展现出情节的冲突。

图11-9是约翰·济慈（John Keats）的作品《伊莎贝拉》，取材于意大利文艺复兴时期人文代表人物乔万尼·薄伽丘的《十日谈》中的故事，讲述伊莎贝拉的哥哥因为想让她嫁给贵族，从而杀死伊莎贝拉的爱人洛伦佐。伊莎贝拉找到洛伦佐的头颅埋在种有罗勒花的花盆中，日夜守护。但伊莎贝拉的哥哥却偷走罗勒花，伊莎贝拉因再次失去爱人而伤心致死。英国画家罗伯特·贝尔（Robert Bale）创作这幅插图，讲述伊莎贝拉的哥哥欺骗她说洛伦佐急匆匆乘船去海外。插图中表现出伊莎贝拉的无奈和两位哥哥

图11-9　伊莎贝拉的哥哥欺骗她　插图创作：罗伯特·贝尔（引自《伊莎贝拉》作者：济慈）

闪烁的眼神，画面中对于故事发生的背景做了简单的提示，人物对话、表情配合文字内容使观看者感受到了伊莎贝拉受到的欺骗。

二、根据插图在书籍中的位置划分

插图在书籍中的位置决定了插图的作用，后来也因为不同的位置而有了专业的插图名称，不同位置的插图有不同的特点。

（一）扉页画

扉页，位于书籍开头部分。扉页上的插图，被称为扉页画。宗教书籍中常使用扉页画使装帧更精美。图11-10是《林迪斯法恩福音书》扉页画。此类插图形式中会出现书名、作者或内容介绍等相关文字内容，也常出现书籍中主人公或故事背景的主题插图。图11-11是法国艺术家罗伯特·爱斯坦纳为1540年出版的《圣经》所做的扉页画，其中包含大量的文字信息。

若扉页画中的文字信息较多，有时会专为文字设置一个文本框，而插图则以页边画的形式环绕文本形成。如果只表现标题等较少文字，文字以横幅彩带的形式融入插图中，图11-12中的标题部分即以页边面的方式设置在插图中。

图11-10　扉页画（引自《林迪斯法恩福音书》）

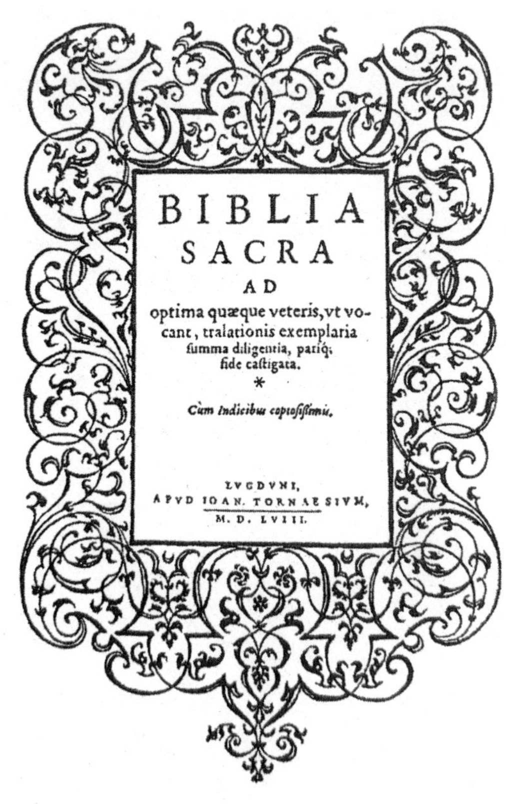

图11-11　扉页画　插图创作：罗伯特·爱斯坦纳（引自《圣经》）

图11-12　多语种《圣经》封面　插图创作：图涅斯（引自《圣经》）

（二）书名画（封面画）

早期的书籍没有封面只有所谓的书皮，书皮的功能仅仅是保护书的内页不受到过多磨损，并作简单的装饰。早期的书皮常使用厚皮革或硬质材料制成，无法进行复杂的手绘和印刷，因此极少有装饰插图，如图11-13中的古籍封面书皮。直到中世纪，书籍的封面书皮开始注意装饰性，封面书皮上不但有插图还装饰上象牙与宝石，使用立体雕刻的方式或者泥金手绘效果，使其观赏性大大增加。手抄本时代插图被印刷时代插图取代后，封面书皮则更趋向于将内容表达清晰的插图和装饰性图案与文字印刷进行泥金处理。图11-14属于亨利二世的《佩里柯普斯之书》的封面，采用象牙浮雕的装饰，四周镶嵌着黄金与

图11-13　古籍封面书皮

图11-14　书名画（引自属于亨利二世的《佩里柯普斯之书》）

宝石，体现了中世纪手抄本的精美。而图11–15出自《林迪斯法恩福音书》的内封面，呈现了植物纹样的装饰图案，哥特体大写字母与加洛林小写字体的排列，加上当时流行的泥金技术，使这一类书名画在当时非常盛行。

随着书名画的盛行，出版商也逐渐认识到其重要性，对书名画的选用十分用心。图11–16是A．德·勒米特为维克多·雨果的《巴黎圣母院》所创作的书名画插图，其书名安放在插画中建筑的门头上，产生呼应，精美的插图吸引了更多的读者。

图11–15　书名画（引自《林迪斯法恩福音书》）

图11-16 书名画 插图创作：A.德·勒米特（引自《巴黎圣母院》 作者：维克多·雨果）

（三）正文插图

在正文中间放置的插图为正文插图或随文插图。它的形式多样，有整面书页是全幅插图的，也有图文并茂的，插图的版式在第十二章中会详细谈到。正文插图的特点是图与文字关系紧密。插图的章节性强，往往表达的内容与附近的文字一致。如图11-17所示，这是1890年出版的《海华沙之歌》的插图与正文。海华沙是北美莫霍克伊洛魁印第安酋长，书中将他的许多传奇故事编织成一个整体，塑造了印第安民族英雄海华沙的光辉形象。1890年版的《海华沙之歌》是由美国插图家弗雷德里克·雷明顿

（Frederic Remington）创作的插图。书的左页是全幅插图，表现了海华沙完整的形象，细致到头饰、手杖与服装。而右页中，文字的右边，雷明顿用钢笔画的形式补充了左页海华沙的细节，特别加入了头饰与服装的插图，增加了内容的真实性，则使书籍内容表现更全面。

THE PEACE PIPE 11

Who shall toil and suffer with you.
If you listen to his counsels,
You will multiply and prosper;
If his warnings pass unheeded,
You will fade away and perish!
"Bathe now in the stream before you,
Wash the war-paint from your faces,
Wash the blood-stains from your fingers,
Bury your war-clubs and your weapons,
Break the red stone from this quarry,
Mould and make it into Peace-Pipes,
Take the reeds that grow beside you,
Deck them with your brightest feathers,
Smoke the calumet together,
And as brothers live henceforward!"
Then upon the ground the warriors
Threw their cloaks and shirts of deer-skin,
Threw their weapons and their war-gear,
Leaped into the rushing river,
Washed the war-paint from their faces.
Clear above them flowed the water,
Clear and limpid from the footprints
Of the Master of Life descending;
Dark below them flowed the water,
Soiled and stained with streaks of crimson,
As if blood were mingled with it!
From the river came the warriors,

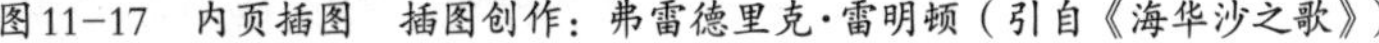

图11-17　内页插图　插图创作：弗雷德里克·雷明顿（引自《海华沙之歌》）

第十二章 欧洲书籍艺术中插图的版式

不同位置的插图，其版式特点各不相同。书籍的插图进入雕刻版印刷时代就非常注重版式的变化，以适应不同的艺术风格需求，满足不同书籍体裁。随着欧洲出版行业的繁荣发展，书籍内文、插图装帧都做了精心的设计。插图版式形式也日渐繁多，下文列举欧洲书籍发展中的一些插图版式的主要形式。

一、页边画

在手抄本时代的书籍制作中，通常先将文字部分抄写出来再进行插图的绘制，而插图艺术家们也怀着对宗教和皇权的尊敬，以无比繁复的工艺进行制作。除了单幅页面的插图外，在写有文字的页面绘制插图，也是插图设计的方式之一，这种插图也被称为页边画。手抄本中的页边画更为精致与复杂，这是因为手抄本的形式在插图表达中比雕刻印刷的形式更加自由和多变。图12–1是中世纪手抄本《凯尔斯经》的内页，可以看出当时页边画作为内页装帧中常见的部分，装饰花纹多为植物花卉，且色彩艳丽，间隔重复，呈现出古典的装饰效果。文字版心部分相较于近现代书页较小和集中，因此页边有足够的空间来进行插图形式表现。在图12–2中，可以看到页边画的面积比重与文字比重差别不大，这就给插图艺术家更大的表现空间。因此这张页面画上不仅有植物还有各种动物和与文字情节相符的

图12-1 《凯尔斯经》内页中的页边画

图12-2 带有徽章的手抄本页边画

徽章标志，丰富的装饰使页面更活泼。在图12-3中除了基本的植物纹样，还有更多的人物形象被安插在页边画之中。

页边画是插图的一种版式形式，它更多地依照文字和内容的需要去进行形态的变换，但页边画仍是以页面文字为主题的装饰形式，它在构图、造型、用色方面都不如全幅插图自由，在内容表达上也不够完整，无法像全幅插图那样表达充分。

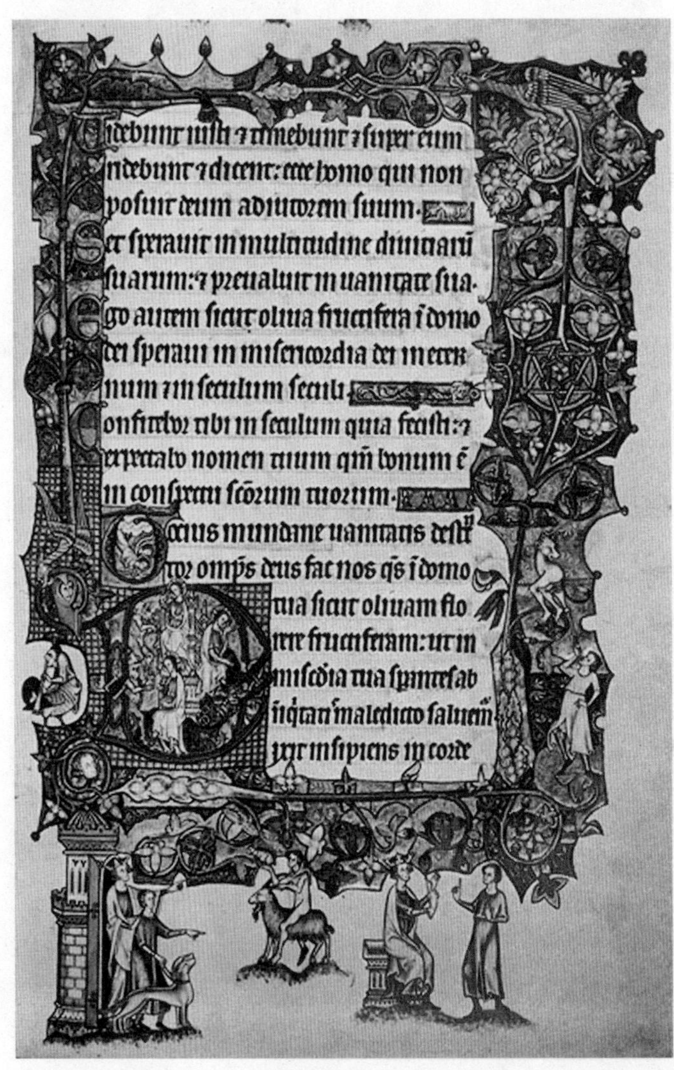

图12-3　大量的人物和植物形象手抄本页边画

二、全幅插图

全幅插图即在书页的单面或左右双面上没有文字部分，全部是完整的没有分割开的插图。单面的被称为单面插图，左右双面的称为跨页插图。单面插图比较常见，它可以脱离文字书写部分，单独制作，然后统一装订。跨页插图则由于装订的严谨性和操作的复杂性，数量并不多，适于表现大场景情节，常使用手绘方式表达。图12–4是中世纪手抄本时期的跨页全幅插图，这个时期由于手绘的自由性，跨页全幅插图的形式比较容易实现，因为其更能体现书籍装帧的精美，更详细地表达内容。而在书籍的整体规划中，全幅插图使用最多的位置是书名画与扉页画，这些页面的文字内容不如正文多，可间隔穿插在插图中使插图不受文字格局的影响（图12–5），书籍《歌德士加福音书选集》的内页插图左右两页为全幅插图（图12–6）。

由于全幅插图的画面比较完整，因此在表现内容中也就会更丰富、更清晰，相对应的文字部分居于插图的左页或右页，如现代书籍插图形式一样。

图12–4　手抄本中的跨页全幅插图

图12-5　手抄本中的书名页插图

图12-6　全幅插画（引自《歌德士加福音书选集》）

三、图文并茂

图文混排的插图版式在手抄本时代就已存在，这是使文字与插图紧密结合的最常见方式，在进入雕版印刷时代后这种插图版式变得更常见，逐渐被读者所接受并喜爱。

（一）上图下文

上图下文即书页上半部分是插图，下半部分是文字，图文之间关联性强，在早期的中世纪的手抄本中，这种形式的插图版式已经非常普遍了。如图12–7所示，在精美的手绘插图下方有抄写的文字，四周仍分布着小插图和图案。而进入雕版时代后，上图下文已经成为普遍形式。

图12–7　手抄本中上图下文的插图版式

如图12-8所示，《爱丽丝漫游仙境》中的插图借树的形态结合书籍的方角构图，将文字置于下方和右方，这种上下、左右的构图在当时是少见的，因而更有时尚感，这种版式构图在今天看来仍有设计感。

上图下文的版式特点是让读者首先看到插图，根据插图更好地理解下面文字的含义（图12-9），对于识字不多的普通人来说，更容易了解书中的内容。“以图解文，以文释图”，使读者阅读更方便。

"Well, then," the Cat went on, "you see a dog growls when it's angry, and wags its tail when it's pleased. Now *I* growl when I'm pleased, and wag my tail when I'm angry. Therefore I'm mad."

"*I* call it purring, not growling," said Alice.

"Call it what you like," said the Cat. "Do you play croquet with the Queen to-day?"

图12-8　内页插图　插图创作：坦尼尔（引自《爱丽丝漫游仙境》）

Wie die Herren alle zu den Heunen führen.

Fünfundzwanzigstes Abenteuer.

Wir lassen es bewenden, wie die sich hie gebahren. —
So hochgemuthe Recken sind nimmer noch gefahren
In solcher Pracht und Herrlichkeit in eines Königs Land.
Sie hatten was sie wollten, so Waffen als Gewand.

图12-9　内页插图　插图创作：爱德华·本德曼与尤里乌斯·休勃纳（引自《尼伯龙根之歌》）

（二）上文下图

上文下图正好与上图下文相反，这类版式插图所占的面积更大。文字的作用仅仅是对插图起到补充说明，有的可能只是一首诗，一句话，一个标题。如图12-10所示，《纽伦堡年鉴》的内页插图的上方即是说明文字。这是常见的上文下图的形式，运用于多种类型的书籍内页插图中，如图12-11所示。上文下图的编排形式常用于儿童与实用这类文字少插图多的书籍和宗教类书籍。例如，在中世纪手抄本《圣经》（图12-12）中，少量的文字置于圣母圣子图上部，漂亮的手写体和四周页边画的装饰衬托书籍的精美。

der werlt Blat CLIX

图12-10　内页插图　插图创作：安东·科博格（引自《纽伦堡年鉴》）

图12-11　扫烟囱的孩子　插图创作：布莱克（引自《经验之歌》作者：布莱克）

图12-12　手抄本中的插图

上文下图类型的形式使读者首先阅读文字，在脑海中有深刻印象后，和下面的插图相映衬，这样对于书籍内容的体会更深刻。上文下图的页面版式更灵巧，插图的内容也显得丰满，图文并茂使读者也更容易理解。

（三）正文绕图

正文绕图的插图形式多用于文字多而插图面积小的页面版式中，插图镶嵌在文字中间，调整整幅页面的节奏，使之有轻快的跳跃感，更加活泼。图12-13是《疯狂的罗兰》的插图，这是多插图形式，除了上图下文的基本形式，较小插图使用的是文字绕插图的形式。页面的内容主次分明，文字与图的关联性很强，读者在看文字的同时也会感受到插图的艺术。

正文绕图形式中的插图大多较小，表现内容由于其尺寸的原因也更为简洁，这也局限了插图艺术的发挥，插图的作用主要是对文字内容的辅助说明。

CANTO

Era quel uecchio ſi eſpedito, e ſnello,
Che per correr parea, che foſſe nato:
E da quel monte il lembo del mantello
Portaua pien del nome altrui ſegnato.

Oue n'andaua; e perche facea quello,
Nel'altro canto ui ſara narrato;
Se d'hauerne piacer ſegno farete
Con quella grata udienza, che ſolete,

IN QVESTO TRENTESIMO QVINTO LO AVTORE LEGgiadramente eſſorta i Prencipi ad hauere in pregio i Poeti & gli huomini uirtuoſi, dannando i peſſimi coſtumi de le corti. Nel fine racconta alcune laudeuoli proue, che con i caualieri d'Agramante ſpinta da la geloſia fece la innamorata Bradamante.

CANTO TRENTESIMO QVINTO.

CHI SALIra per me, Madonna in cielo
A RIPORtarne il mio perduto ingegno?
Che poi, ch'uſci da bei uoſtri occhi il telo;
Che'l cor mi fiſſe; ognihor perdendo uegno.
Ne di tanta iattura mi querelo;
Pur, che non creſca, ma ſtia a queſto ſegno:
Ch'io dubito, ſe piu ſi ua ſcemando;
Di uenir tal, qual ho deſcritto Orlando.

Per rihauer l'ingegno mio m'è auiſo;
Che non biſogna, che per l'aria io poggi
Nel cerchio de la Luna, o in Paradiſo;
Che'l mio non credo, che tanto alto alloggi.

Ne bei uoſtri occhi, e nel ſereno uiſo,
Nel ſen d'auorio, e alabaſtrini poggi
Se ne ua errando; & io con queſte labbia
Lo corrò; ſe ui par, ch'io lo rihabbia.

Per gli ampli tetti andaua il Paladino
Tutte mirando le future uite;
Poi c'hebbe uiſto ſu'l fatal molino
Volgerſi quelle, ch'erano gia ordite.
E ſcorſe un uello; che piu, che d'or fino,
Splender parea; ne ſarian gemme trite
S'in filo ſi tiraſſero con arte
Da comparargli a la milleſma parte.

Mirabilmente il bel uello gli piacque,
Che tra infiniti paragon non hebbe;
E di ſaper alto deſio gli nacque,
Quando ſara tal uita, e a chi ſi debbe.
L'Euangeliſta nulla glie ne tacque;
Che uenti anni principio prima haurebbe
Che col M, e col D, foſſe notato
L'anno corrente dal Verbo incarnato.

图12-13　内页插图　插图创作：加布里埃尔·乔里托 Gabriele Giolito（引自《疯狂的罗兰》）

四、单面多图

单面多图是在一面书页上有两张或两张以上的插图。形式通常是上下两张插图，上中下三张插图，或四方格插图。插图的比例与数量决定他们在页面上的形式。单面多图的特点是用多幅插图表现书籍中的内容情节发展，因此相对单图插图，多图的形式能表达更多的情节，具有逻辑顺序性，对于需要插图的文字内容，就显得更加有力度。图12–14是诗人兼画家布

图12–14 内页插图 插图创作：布莱克（引自《牧歌》作者：布莱克）

莱克为自己的诗集《牧歌》所制作的插图，这四张插图连续排列在单独页面上，解读了布莱克心中理想化的世界。在这里，牧人在阳光下歌唱，他们用淳朴的欢乐来缓解他们的悲哀。竖向排列呈现出诗歌般的节奏，与书籍内容达到统一。而在埃里克·吉尔设计的《哈姆雷特》书名页中，蔓草花纹连接的五幅小插图，将《哈姆雷特》的主要情节展现在同一幅页面中（图12–15）。

图12–15　内页插图　插图创作：埃里克·吉尔（引自《哈姆雷特》作者：莎士比亚）

五、异形插图

异形插图是针对常见的正方形、长方形插图而言，形状有变化的插图。在中世纪期间异形插图的版式出现，常见的有圆形、椭圆形等。异形插图打破了传统的方形插图形式，给人更多的新鲜感（图12–16）。使用异形插图的书籍并不太多，因为读者在习惯上更倾向于插图的完整性，以便于产生构图的画面感。但不可否认异形插图的特别之处，图12–17中的《圣经·约伯记》也使用了线条勾勒异形形态，增加了内容的生动性。图12–18展示了《安娜·卡列尼娜》的插图，在插图描绘中使用椭圆形处理，更适合场景氛围的营造。图12–19是鲍尔佛为《鲁拜集》创作的插图，神秘气息用异形插图表现更有特色。

图12–16 《鲁拜集》插图：第十一首诗

图12-17 《圣经·约伯记》

图12-18　内页插图　插图创作：密特韦杰夫（引自《安娜·卡列尼娜》
作者：列夫·托尔斯泰）

图12-19　第三首诗　插图创作：罗纳德·鲍尔佛（引自：《鲁拜集》 作者：海亚姆）

六、四周装饰的插图

四周装饰的插图也可以看作页边画的形式与全幅插图的结合，它特指将插图的四周进行花纹装饰或图案叠加。这种方式可以使插图从文字中跳跃出来，呈现更精美的装饰效果。如图12-20《疯狂的罗兰》中表现罗多蒙特大肆洗劫的插图。四周叠加了多个形象组合的装饰，点明了故事背景和与情节相关的主题。而图12-21《女郎夏洛特》中创作的插图，两侧不但有装饰花草蔓藤纹还有相应的文字说明，使画面显现强烈的东方气息。

图12-20　内页插图　插图创作：贝尔纳多·卡斯泰洛（Bernardo Castello）（引自《疯狂的罗兰》）

图12-21　女主人公形象　插图创作：霍华德·派尔（Howard Pyle）（引自《女郎夏洛特》）

最常见的形式是在原插图外面加上一个装饰性画框，以使插图更像一幅艺术作品，而不单纯是配文字的插图，如图12–22所示，画面的效果因为不受文字的过多干扰而表现更强烈。又如图12–23中《随笔》的书名画，四周除了点缀简单的蔓草纹样，人物矗立其中，书名在旁，使插图成为四周装饰的形象，又具有单幅多图的样式，使结合了文字的插图情节显得更完整。

图12–22　内页插图　插图创作：贝尔纳多·卡斯泰洛（引自《耶路撒冷的解放》）

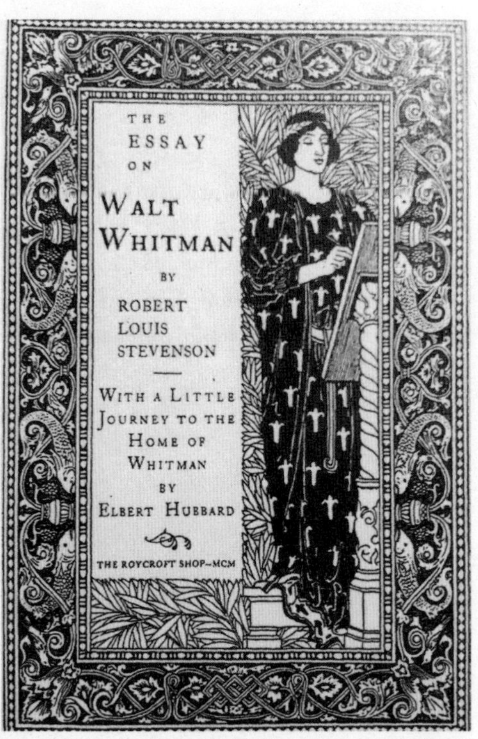

THE
ESSAY
ON
WALT
WHITMAN
BY
ROBERT
LOUIS
STEVENSON

WITH A LITTLE
JOURNEY TO THE
HOME OF
WHITMAN
BY
ELBERT HUBBARD

THE ROYCROFT SHOP–MCM

图12–23　书名画　插图创作：路易斯·里地（引自《随笔》 作者：沃特·惠特曼）

第十三章 欧洲书籍艺术中插图的用途

几乎与书籍同时出现的插图，虽是依附在书籍中的图画，但它的作用是文字不能替代，与文字是相辅相成的。插图在书籍中的作用在不断被人们重新认识。

在欧洲的艺术发展过程中，摄影技术出现之前，插图是结合书籍文字记录真实表达情感最常用的技术手法。古代图书中的插图是后来史学家考据各个时期历史的重要依据。由于图像和文字同样承载着历史，因此现在人们对插图的认识已不仅仅停留在对文字的补充作用上，插图作为历史文献的价值被凸显出来，因为插图是一定历史的产物，也反映出当时的真实社会情况。

20世纪末，随着对古代与近现代艺术的重新解读，人们开始认识到这些书籍中插图的作用，不只是印证已知的历史事物，而由于历史图像的真实感，可以重现过去社会状况和历史场景，为无法记录或保存的历史做见证。

插图的用途表现在许多方面，涉及范围非常广泛，上至经史通鉴、治国要略，下至天文地理、百科常识。插图内容包罗万象，有寓言故事、宗教书籍、百科全书，再加上彼此间的相互关联，如宗教插图可以从侧面反映民族关系和文化交流；爱情诗歌可以体现当时的文学发展，也可以侧面了解当时的社会生活，风俗习惯等。所以在艺术的殿堂中插图连通文学和美术，是一份非常重要的历史文化遗产，是一座内容极为丰富的艺术宝库。

插图是一门艺术，它是一种美术作品，虽然插图无法离开书籍，但是它的艺术性不一定从属于文字。一幅好的插图可以使读者身心愉悦，甚至在艺术史上有里程碑的意义。欧洲早期的插图家在版画上都有非凡的成就，插图的艺术功能是不言而喻的。插图除了艺术功能之外还有其他功能，如补充文字、传播文化、学术研究、加深关注、隐含比喻、用于工具书等。

一、补充文字

书籍插图原本意义是装饰书籍，增加读者兴趣的。但插图可以补充文字的不足，将抽象的语言转化为具体的形象，使书籍内容跃然纸上。鲍尔佛为《鲁拜集》所做的插图（图13–1）。完美地阐释了诗文中的寓意。

“不知什么是根由、哪里是源头，
就像是流水，无奈地流进宇宙；
不知哪里是尽头，也不再勾留，
我像是风儿，无奈地吹过沙漠”。

图13–1 内页插图 插图创作：鲍尔佛（引自《鲁拜集》作者：海亚姆）

俗话称“一目了然”，就是一眼就能看清楚，插图就具有这种一目了然的易明性。看图明“示”，对于识字不多的阅读者不会有任何的阅读障碍。即使文人学士也有难以从文字中理解的事物，插图就可以辅助文字说明，用一两幅插图使读者豁然开朗，这在地理、动植物、医药、工程等自然科学图书中十分常见。

洛可可时期，法国作为艺术、科学技术的集中地，曾出版包括各种学科技术和艺术的百科全书，这在当时欧洲地区尚属首例。在《百科全书或科学、艺术和手工艺分类词典》（简称《百科全书》）中，编者以怀疑定论和科学决定论对当时社会生活进行编撰。前文第八章就以图例的形式详细说明了当时书籍的刻版印刷流程，补充了文字不能描述的复杂工艺，对于阅读者来说插图比复杂的文字内容更能直接地表明工艺流程和工序细节。

对于真实事物的描写，一张写实的插图来得更直白，文字的描述需要想象的空间，而插图的传达则是对现实的再现。图13-2中详细描绘了当时排版机的使用场景及机器本身的形态，为后期读者了解当时情况，提供有力佐证。

图13-2 排版机（引自《纽约时报》）

二、传播文化

插图还起着传媒的作用。它通过画面的直观形象传播科学、历史、文化艺术等知识、思想和情感，从而提高人们的知识和认知能力，启发人们的智慧和创造能力。

图画和文字，虽然都有传播信息的功能，但还是有一定的区别。前者的传递信息不用转换，就能被他人所接受。例如，向上翘起的唇角和眼角的泪水，无论哪个地区的人看到，都会认为前者是“笑”，后者是“哭”，前者是“幸福”，后者是“悲伤”。因此，图画有“世界语”之称，无论是什么民族、说什么语言的人，都能理解从图画中传递出来的信息。

当今科学家还把它当作“宇宙语”，希望能与地球以外的智慧生物通过绘画艺术进行交流，这也侧面说明了图画比文字优越的地方。图像超越文字直指人心的力量，在文化传播中有其不可替代性，对阅读者会产生强烈的吸引力。而插图的直观性则大大地促进了图书的交流和扩大受众的群体。

尤其是欧洲文艺复兴之后，刻版印刷的技术逐渐成熟，书籍的出版也开始注重插图对于图书传播的作用，在书籍中，特别是在爱情文学、骑士文学中加大插图的力度。例如，1757年出版的意大利小说家薄伽丘的五卷本《十日谈》中就有100多幅全幅插图，是由格拉夫洛、布歇、科尚和爱森四位画家，加上16位雕刻家共同协助才完成的。

而到了近代，照排技术的出现，使一种插图比文字部分更重要的书籍——插图本开始出现，这也说明，插图在传播文化中所占有的重要地位与作用是不可忽视的。

三、学术研究

书籍中的插图历来是受到关注的，虽然也有学者认为文字的作用大于插图，而使许多插图没有被很好地保存下来。但实际上，插图对于学术研究有不可估量的价值。

如图13–3所示，霍格尔为《执政英格兰》创作的插图《玛丽二世的葬礼》，表现的是威廉三世的妻子玛丽二世的死亡。这位与威廉三世并肩的王后，死时年仅33岁，而这幅插图详细地描绘了当时的场景。从插图中可以看到当时欧洲宫殿内部的装饰细节，家具的特征及众人参拜的形式，对于后期历史学家考察同一时期宫廷的结构装饰有非常重要的参考价值。

图13–4是一套木版插图，其中详细地描绘了古腾堡活字印刷的整个过程，显示了欧洲自15世纪末以来的印刷技术分工和具体的工作情况。从插图中，可以清楚地看到印刷工坊中设备和工人们的操作，这对于后期学者的相关考察帮助极大。

图13–3　玛丽二世的葬礼　插图创作：霍格尔（引自《执政英格兰》）

图13-4 描绘古腾堡活字印刷的木板插图

1850年，哈泼出版公司出版了更通俗的读物《哈泼周刊杂志》，以下简称《周刊》。为了占领女性市场，《周刊》标榜“文明杂志”，因此比较注意内容的典雅和插图的精美、设计感。同时期许多杰出的艺术家为《周刊》绘制了许多反应当时社会形态的插图，详细地描绘了各个阶层不同的人的生活全貌（图13-5），插图中包括了时髦女子、青年人等不同的形象，并对其外貌、服装、配饰做出精致的描绘，甚至包括场景细节，如此详细的描绘大到远处山峦，小到近处皮鞋上的纽扣，都成为后来研究历史不同时期事物形式的有力佐证。这为现代人文社会学家和历史学家考察当时的社会形态细节，提供了丰富的材料。

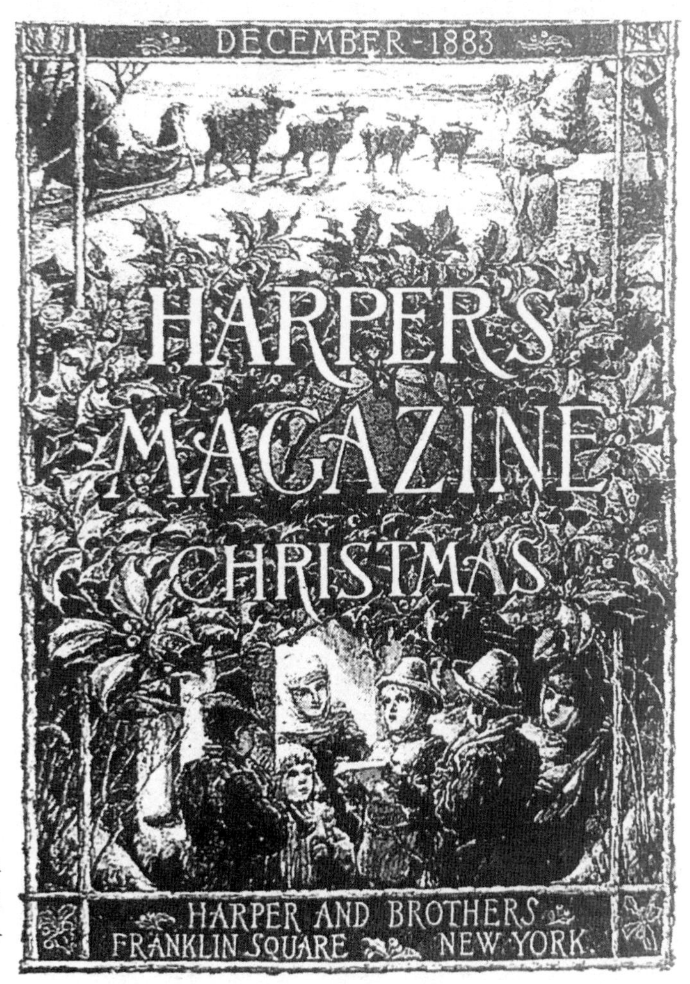

图13-5 维多利亚风格的商业插图设计 插图创作：提兹（引自《哈泼周刊杂志》）

四、加深关注

即使在现代社会，只有文字没有插图的书，也无法吸引更多人的目光。如果是知名作家的书，人们会认为简陋的装帧配不上精彩的情节。无名作家的书籍就更难得到关注。因此可以看出精美插图作为书籍装帧的一部分，可以吸引读者关注，加深读者印象，帮助读者从最开始部分读下去。在雕版印刷迅速发展的时代，印刷书籍曾有段时期很难与手抄本竞争，其原因之一是手抄本在插图上有着印刷技术无法模仿的精致与质感。随着印刷技术的发展，当插图的精美程度可与手抄本媲美时，印刷书籍才显示出其优越性。

带有精美插图的书籍，其被收藏的意义更甚于普通的书籍。人们关注更多的是插图背后透露出的信息——那个时代人们的审美、事物发展的状态、人们对于正确错误的判断。这些内容先于文字，从插图中清晰地传递给读者，因此带有精美插图的书籍更加吸引人们的关注（图13–6）。

图13–6 格里纳韦的儿童“礼品书”插图

五、隐含比喻

艺术大师鲁本斯为乌尔班八世的《诗集》的书名页创作了插图（图13-7），用大力士参孙的形象比喻乌尔班八世，暗喻他在教会中的力量，并以撕裂狮子的行为暗示着乌尔班八世肃清异己的行动如雷霆飓风。插图隐含比喻的力量大于文字描述，并且更加清晰，但又更加隐晦。这在文化发展中，特别是在争议话题和批判文学中，更加明显。霍尔拜因的插图《死亡之舞》就用隐含比喻的手法，通过死神带去不同的人，和这些人在死神面前的反应，以及死神对待他们的态度，表明主题"死亡面前人人平等"（图13-8）。

图13-7　书名画　插图创作：鲁本斯（引自《诗集》作者：乌尔班八世）

图13-8　死神与教士　插图创作：霍尔拜因（引自《死亡之舞》）

六、工具书

插图常用于日常农作活动与祭祀活动的指导，其内容有着普遍的知识性，利于人们遵守规律，指导行为。

哥特式插图中最著名的是尼德兰的宫廷画家林堡兄弟（Limbourg brothers）的《时令之书》，这是一本按照日历来安排的祈祷书（图13-9）。书籍的用途是通过对时令精确的分析，指导人们的行为和工作内容，讲述每个季节人们应该从事的农事工作。该书中的插图的指导作用被发挥到极致。

图13-9　不同季节从事的不同工作插图创作：林堡兄弟（引自《时令之书》）

参考文献

[1] 余凤高. 插图的文化史 [M]. 北京:新星出版社,2005.

[2] 余凤高. 插图中的世界名著 [M]. 上海:上海古籍出版社,2002.

[3] 张政文. 历史视域下的西方古代文化与文学 [M]. 哈尔滨:黑龙江人民出版社,1999.

[4] 徐小蛮,王福康. 中国古代插图史 [M]. 上海:上海古籍出版社,2007.

[5] 龚缨晏,石青芳. 直观的信仰:欧洲中世纪抄本插图中的基督教 [M]. 济南:山东画报出版社,2008.

[6] 苏梦薇. 寻找消失的文明:远去的古希腊 [M]. 北京:农村读物出版社,2006.

[7] 中国社会科学院考古研究所,中国社会科学院古代文明研究中心. 古代文明研究 [M]. 北京:文物出版社,2005.

[8] 徐家玲. 拜占庭文明 [M]. 北京:人民出版社,2006.

[9] 彼得·李伯庚. 欧洲文化史 [M]. 赵复三,译. 上海:上海社会科学院出版社,2005.

[10] 肯尼斯·克拉克. 艺术与文明:欧洲艺术文化史 [M]. 易英,译. 上海:东方出版中心,2001.

[11] 格·叶·列别捷夫. 十九世纪俄国书籍插图史 [M]. 肖群,译. 北京:朝花美术出版社,1957.

[12] 利奇德,奥托·基弗. 欧洲风化史 [M]. 姜瑞璋,杜昌忠,薛常明,译. 北京:海豚出版社,2012.

[13] 皮埃尔·拉迈松. 西方文明史:欧洲谱系——从史前到 20 世纪末 [M]. 方友忠,译. 北京:中国人民大学出版社,2012.

[14] 雅各布·格林,威廉·格林. 格林童话全集 [M]. 杨武能,译. 北京:中国三峡出版社,2012.

[15] 罗贝尔·福西耶. 这些中世纪的人:中世纪的日常生活 [M]. 周嫄,译. 上海:上海社会科学院出版社,2011.

[16] 谢尔曼,索尔兹伯里. 全球视野下的西方文明史:从古代城邦到现代都市 [M]. 2 版. 陈恒,洪庆明,钱克锦,等,译. 上海:上海三联书店,2011.

[17] 达·芬奇. 达·芬奇笔记 [M]. 米子,译. 合肥:安徽文艺出版社,2011.

[18] 本内特,霍利斯特. 欧洲中世纪史 [M]. 杨宁,李韵,译. 上海:上海社会科学院出版社,2007.

[19] 斯沃比. 骑士之爱与游吟诗人 [M]. 王晨，译. 上海：上海社会科学院出版社，2013.

[20] 雅克・巴尔赞. 从黎明到衰落：西方文化生活五百年，1500 年至今 [M]. 林华，译. 北京：中信出版社，2018.

[21] 宫崎正胜. 航海图的世界史：海上道路改变历史 [M]. 朱悦玮，译. 北京：中信出版社，2014.

[22] 但丁. 神曲：多雷插图本 [M]. 王维克，译. 合肥：安徽人民出版社，2013.

[23] 丁尼生. 时代图文经典：多雷插图本《国王的叙事诗》[M]. 文爱艺，译. 合肥：安徽人民出版社，2013.

[24] 艾柯. 无限的清单 [M]. 彭淮栋，译. 北京：中央编译出版社，2013.

[25] 瓦格纳. 时代图文经典之拉克汉插图本世界名著：尼伯龙根的指环 [M]. 鲁路，译. 合肥：安徽人民出版社，2013.

[26] 菲茨杰拉德. 柔巴依集 [M]. 黄杲炘，译. 武汉：湖北教育出版社，2007.

后　记

2015年，因为插图专业的“西方插图设计史”课程准备资料，让我颇费心思。目前的常用书籍为《美国插图史》，讲述的是近代美国插图艺术的发展。而欧洲从手抄本时代之前就存在书籍艺术与插图，虽然目前国内相关的书籍缺乏，但我们不能否认其存在并硕果累累。在我准备中西方插图艺术课程资料的过程中，看到《中国古代插图史》足足有400多页，涉及上千张插图，书中内容丰富，对于中国插图艺术剖析十分透彻。而在外国插图史方面，我搜遍了大小书店，仅找到余凤高老师的《插图的文化史》，随后又拜读了余老师2002年版的《插图中的世界名著》，这两本书成为我准备西方插图艺术的重要资料。

余老师的书使我重新认识了欧洲的书籍插图历史，并深刻认识到中西方文化中插图艺术的差异性。在中国插图艺术中，早期由于造纸术和印刷术的发明，使书籍的文字地位大大高于插图艺术。而在欧洲，15世纪造纸术与木刻印刷才趋于成熟，并且宗教书籍在文化发展中的重要作用，使不同时期的艺术家们纷纷为书籍进行插图设计。这就使欧洲的插图艺术更加倾向于绘画艺术，更准确地说，是版画艺术。欧洲早期的插图艺术家同时也是版画艺术家，除了为书籍进行插图设计外，其版画方面的艺术成就更为突出，如文艺复兴时期的丢勒、霍尔拜因和鲁本斯等。直到近现代，随着印刷技术成熟，文学形式逐渐丰富，大量的书籍插图被创作出来，专职的插图艺术家成为一个单独的分支，如英国的格林纳韦，直至现在英国每年仍有格林纳韦奖鼓励着众多的插图艺术人，保持初心，继续创作。

余老师的书中详细介绍了不同时期的插图风格，以及大量世界名著中的插图艺术。而我做的仅仅是在余老师的研究基础上，加入了对插图的深入分析和形式分类。插图艺术涉及的范围广泛，除了要了解文化史、宗教史，还要了解印刷技术的发展、印刷材料和印刷工艺，也得了解各个时期艺术形式特点与表现方式。所以插图艺术是一门交叉学科，涉及多个领域，需要深入研究。但是由于时间关系，我没有办法继续挖掘每个插图背后的故事和形成的历史文化原因，随着插图史论的研究，欧洲插图史的内容会被延展开来，成为内容丰富、涉及面广泛的一个部分，使各个需要学习插图的人从中了解更多，并被借鉴和使用。

张鸿博

2021年3月于湖北武汉

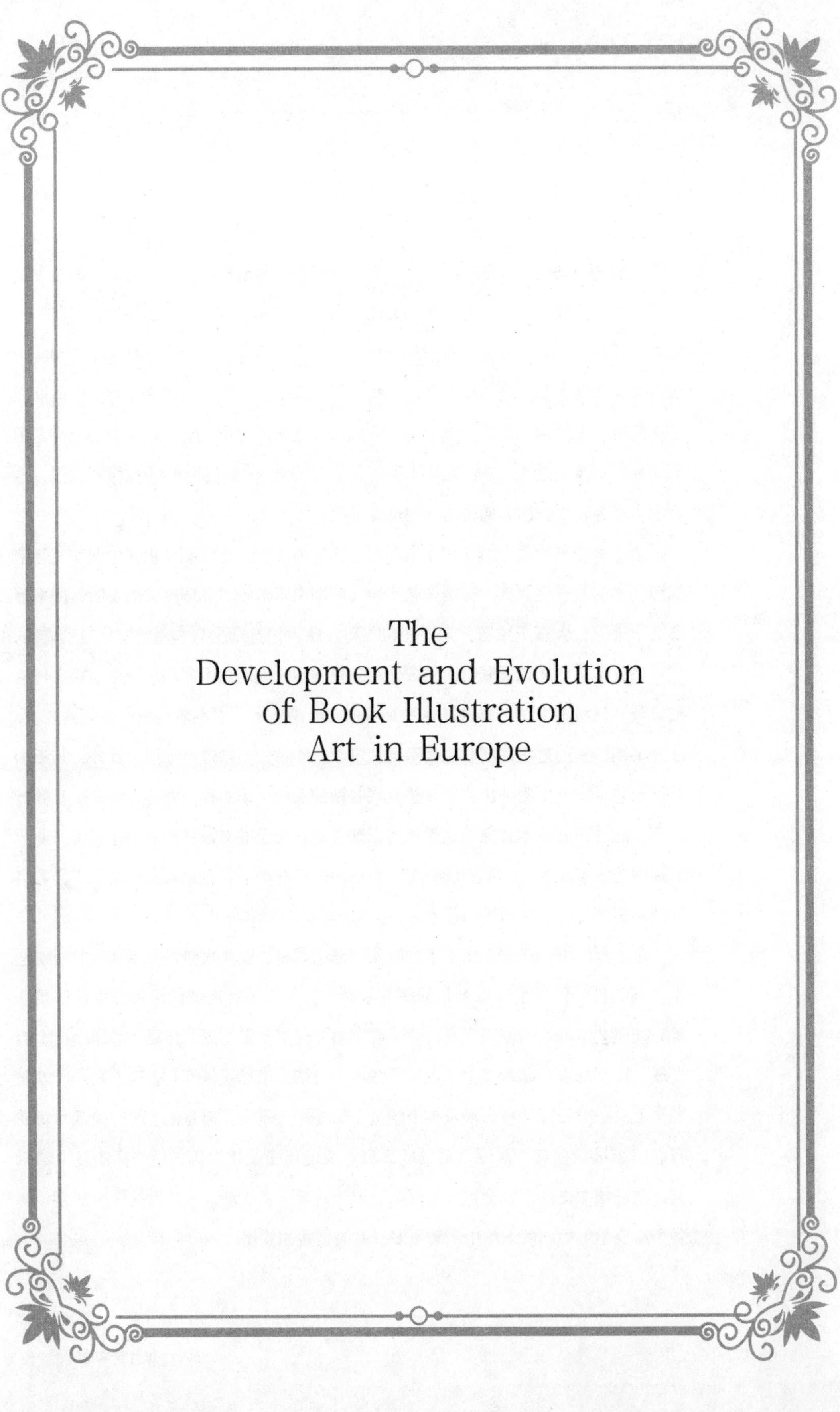

The
Development and Evolution
of Book Illustration
Art in Europe